인생과 경영의 새로운 길을 찾는
당신에게 드립니다

이것은 경영학, 재무론을 전공하는
학생들의 교과서.

골프에서 길을 묻다

골프에서 길을 묻다

2008년 10월 20일 초판 1쇄 발행 | 2014년 7월 1일 5쇄 발행
지은이 · 이학오

펴낸이 · 박시형
디자인 · 김애숙

마케팅 · 권금숙, 김석원, 김명래, 최민화, 정영훈
경영지원 · 김상현, 이연정, 이윤하, 김현우
발행처 · (주)쌤앤파커스 | 출판신고 · 2006년 9월 25일 제406-2012-000063호
주소 · 경기도 파주시 회동길 174 파주출판도시
전화 · 031-960-4800 | 팩스 · 031-960-4805 | 이메일 · info@smpk.kr

ⓒ 이학오 (저작권자와 맺은 특약에 따라 검인을 생략합니다)
ISBN 978-89-92647-36-6 (03690)

- 이 책은 저작권법에 따라 보호받는 저작물이므로 무단전재와 무단복제를 금지하며, 이 책 내용의 전부 또는 일부를 이용하려면 반드시 저작권자와 (주)쌤앤파커스의 서면동의를 받아야 합니다.
- 이 책의 국립중앙도서관 출판시도서목록은 서지정보유통지원시스템 홈페이지(http://seoji.nl.go.kr)와 국가자료공동목록시스템(http://www.nl.go.kr/kolisnet)에서 이용하실 수 있습니다.
  (CIP제어번호 : CIP2014019003)
- 잘못된 책은 구입하신 서점에서 바꿔드립니다.   • 책값은 뒤표지에 있습니다.

> 쌤앤파커스(Sam&Parkers)는 독자 여러분의 책에 관한 아이디어와 원고 투고를 설레는 마음으로 기다리고 있습니다. 책으로 엮기를 원하는 아이디어가 있으신 분은 이메일 book@smpk.kr로 간단한 개요와 취지, 연락처 등을 보내주세요. 머뭇거리지 말고 문을 두드리세요. 길이 열립니다.

골프에서 길을 묻다

이학오 지음

쌤앤파커스

추천의 글 I
필드에서 '경영의 길'을 만나다

지금처럼 '경영'의 스펙트럼이 넓었던 시대는 없었다. 오늘날 경영의 대상은 단지 기업의 관리·운영에 그치지 않고 사람, 지식 등 우리의 삶으로까지 확대·적용되고 있다. 이유는 여러 가지가 있다. 사회의 다원화와 세계화로 인해 실천 가능한 다양한 이론 연구에 천착하고, 실체와 관념을 접목하려는 노력이 성과를 거두고 있는 것이 한 가지 이유다. 하지만 무엇보다 개인과 기업, 나아가 국가가 가일층 발전을 거듭하기 위한 중요한 수단으로 경영의 가치가 높아진 것이 가장 큰 이유라 할 수 있다.

이처럼 경영의 위상과 중요성이 날로 높아지는 가운데, 우리 경영인들은 경영의 해법을 찾고자 고심하고 있다. 나 역시 참된 경영, 성공적인 경영의 방법을 알기 위해 다방면에 촉각을 세우고 있다. 그러던 터에 이 책 《골프에서 길을 묻다》를 만나게 되었다.

골프는 몇천 번, 몇만 번의 스윙 연습을 통해 기술을 연마하여도, 실전에서 두려움과 초조함을 극복하지 못하면 패할 수 있는 게임이다. 저자는 골퍼의 수많은 실패의 원인을, 단지 테크닉 골프만 구사하려다 골프의 핵심인 멘탈을 경영하지 못하는 데서 찾는다. 골프의 멘탈 경영에 실패하는 골퍼들은 자연적·물리적 환경의 작은 변화에도 쉽게 무너진다는 것이다. 제아무리 유명한 프로 골퍼라도 내적 통찰과 실천적 도道로 무장하지 못하고, 외부 요인에 흔들린다면 좋은 플레이를 기대할 수 없다는 것이다.

바로 여기에서 나는 골프와 경영의 공통점을 발견하였다. 경영 역시 '멘탈 게임'이다. 기술 향상은 시간과 노력을 투자하면 이룰 수 있다. 하지만 '어떤 상황에서도 흔들리지 않는 의지'와 '행복지수와 만족도를 높이는, 내면에 잠재된 에너지'는 스스로 인식하지 않는 한 절대 얻을 수 없다. 멘탈 골프에 실패한 사람은 필드에만 나가면 몸이 굳고, 멘탈 경영에 실패한 사람은 비즈니스 현장에서 능률과 성과가 떨어진다. 골프와 경영, 둘 다 '마음'에 중심축을 두어야 한다는 점에서 같다고 할 수 있는 것이다.

이기는 골프와 성공하는 경영의 또 다른 공통점은 바로 '비전'이다. 저자는 이 책을 통해 "모든 승리의 95%를 장악하는 5%의 선수들이 다른 선수들과 차별되는 점은 기술이 아니라 생각"이라고 강조한다. 즉 이기는 사람들은 '생각이 다르다'는 것이다. 그는 "이길 수 있다고 생각하는 사람 모두가 반드시 이길 수 있는 것은 아니지만, 이길 수 있다고 생각하지 않으면 결코 이길 수 없다"고 주장한다.

'반드시 이긴다'는 무형의 비전은 결국 승리라는 실체를 만들어낸다. 성공한 CEO들을 보라! 그들은 한결같이 경쟁자와의 싸움에 앞서 자신과의 싸움에서 승리했다. 그리고 그들에게는 어떠한 역경 속에서도 반드시 성취해야 하는 비전이 있었다. 비전, 그것이야말로 무에서 유를 창조하는 힘이다. 저자는 이러한 진리를 구체적이고도 섬세하게 표현하고 있다.

 이 책은 골프 책이자 경영서이다. 테크닉 골프를 넘어 멘탈 골프의 경지에 올라 훌륭한 골퍼가 되고 싶어 하는 사람들을 위한 책이자, 경영전선에서 목표를 잃고 표류하는 이 시대의 모든 비즈니스맨들을 위한 책이다. 저자가 말했듯이 당신의 마음속에는 이미 당신을 성공시킬 힘이 잠재되어 있다. 문제는 실천적 공부를 통해 당신의 '성공 에너지'가 발현될 수 있도록 하는 것이다! 이 책은 당신만의 잠재력을 찾아내 당신이 속한 필드에서 '성공과 행복'이라는 두 마리 토끼를 잡을 수 있도록 안내할 것이다.

신동익
농심그룹 부회장, 일동레이크골프클럽 대표이사

추천의 글 II
골프에 대한 생각을 흔들어놓은 책

누군가에게 둔기로 머리를 한 대 얻어맞은 듯한 충격…. 이 책을 접하면서 처음 받은 느낌이었다. 책장을 한 장 한 장 넘기면서는 푸른 바닷가에 선 듯한 청량감을 느꼈으며, 마지막 장까지 읽고 난 후에는 눈앞을 번쩍 하고 밝히는 섬광을 느꼈다. 이 책에서 받은 느낌은 세 단어로 정리할 수 있다. 충격, 청량감, 그리고 섬광.

"아, 바로 이것이야!" 나는 이 책을 다 읽고 난 다음에 탄성을 지를 수밖에 없었다. 이 책으로 인해 골프를 다시 생각하게 되었다. 행간에 숨어 있는 저자가 지닌 혜안의 깊이와 넓이는 우리 골퍼들이 찾고 있는 길을 친절하게 밝혀 주고 있는 것이다.

나는 골프를 좋아하신 아버지 덕분에 다른 사람들보다 일찍 골프를 시작하였다. 특히 미국 유학시절, 골프의 매력에 깊이 빠져들어 어언 30여 년이라는 긴 세월 동안 골프를 하고 있다. 그동안 아마추어 골퍼, 주니어 선수, 투어 선수들을 가르쳤고, SBS골프 채널 방송에서 레슨 프로그램을 진행했고, 세계 최고의 투어인 미국 PGA의 중계해설을 했으며, 대학에서 골프 강의를 하였다. 나의 일은 간단히 말해 골프를 가르치고 해설하는 일이며, 이 일만은 자신이 있다. 하지만 나는 그간 기술적인 면을 많이 강조했다.

누구나 그러하듯 골프에서 멘탈이 중요하다는 사실은 알고 있었으나, '이것이면 좋겠다'는 마땅한 이론을 찾지 못하여 멘탈을 전하는 일에 조금 소홀했다. 내가 미국 투어에서 경기를 할 때나, 내가 가르치는 선수들이 대회에서 좋지 않은 성적을 낼 때도, 기술적인 요소 외에는 특별한 처방을 찾지 못하였다. '분명 뭔가가 있을 텐데…'라며 그것을 찾기 위해 백방으로 노력했지만 허사였다.

그 긴긴 방황이 이 책을 만나고서야 드디어 마침표를 찍었다. 이제 미국 PGA 중계해설을 할 때도, 세계적인 선수들의 어처구니없는 실수에서 눈으로만 확인되는 신체적 동작뿐만이 아닌 내면의 원인을 찾아 시청자에게 전할 수 있게 되었다. 중계에 깊이를 더할 수 있게 된 것이다.

저자는 나와 십년지기이자 나의 '멘토'이시다. 감히 말하건대, '한국뿐 아니라 세계 최고의 골프 멘탈 교육의 선구자'라고 할 수 있다. 나는 저자와 소주잔을 기울이며 시간 가는 줄도 모르고 골프에 대한 속이야기를 나누곤 했다. 우리는 '무엇'이 아닌 '어떻게'에 초점을 모았다. 스윙은 어떻게 해야 한다느니, 정신은 어떠한 상태라야 한다느니, 서로의 생각을 주고받다가 "우리는 정말 골프를 잘 시작했다"는 소박한 결론을 내리고 자리를 마무리하곤 했다. 그리고 언제나 저자는 자신의 사무실 앞에 놓인 돌에 새겨둔 "골프는 도道"라는 말을 마지막으로 던지며, "골프는 단순한 놀이가 아니다"라고 강조했다.

지금까지 골프 멘탈과 관련하여 미국, 일본 등 스포츠 심리학자들의 책이 여러 권 출간되었으나, 이 책은 사뭇 다르다. 아니 본질적으로 다르다.

저자는 골프 멘탈의 해결책을 서양의 심리학이 아닌 동양의 도, 선禪, 평상심平常心 등의 사상과 정신에서 찾고 있다. 이 책은 저자의 선과 동양철학에 대한 해박한 지식이 골프와 접목된 걸작이다. 그는 "골프는 무심無心에서 출발해야 한다"고 강조한다. 골프 멘탈은 마인드 컨트롤 수준이 아닌 자아초월적transpersonal 수준에 도달해야 한다는 이야기이다.

이 책에 담긴 골프에 대한 저자의 정신적 통찰은 분명 모든 골퍼들의 골프에 큰 획을 그을 것이라고 자신한다. 많은 아마추어 골퍼뿐만 아니라 정상급 선수를 꿈꾸는 프로 지망생, 현재 활동하고 있는 투어 프로, 학생들이나 선수를 가르치고 있는 티칭 프로들, 즉 골프와 함께하는 모든 사람들에게 한 권의 교과서이자 마음의 교본으로 이 책을 추천하고 싶다.

장활영
SBS골프 전속 해설위원, 광운대학교 교수

차례

- 추천의 글Ⅰ : 필드에서 '경영의 길'을 만나다 · 4
- 추천의 글Ⅱ : 골프에 대한 생각을 흔들어놓은 책 · 8
- 프롤로그 : 마음으로 골프 하라 · 17

골프와 마음의 법

선의 마음, 골프의 기술
골프에서 왜 선을 이야기하는가 · 25
마음을 순간에 집중시켜라 · 32
자신감으로 목표를 공략하라 · 40
평상심으로 평온을 유지하라 · 46
마음을 비우고 무념무상하라 · 52

생각과 감정 다스리기
마음을 비워야 길이 보인다 · 59
너의 정신에 최면을 걸어라 · 67
마음의 상을 그려라 · 72
조용히 마음을 관찰하라 · 76
흔들리지 않는 마음이 힘이 있다 · 82

마음을 닦아 새로운 밭을 만들기
자신의 마음을 진단하라 · 87
명상으로 긴장을 풀어라 · 91
보는 것과 관찰하는 것 · 96
고요하고 깊게 호흡하라 · 100
있는 그대로 받아들여라 · 107
영혼의 눈을 떠라 · 110
자기 자신을 지혜로 다루기 · 116

그린에서 최상의 순간을 만나다

실전에서는 누구나 긴장한다 · 123

첫 티샷의 압박감 이겨내기 · 128

스윙 전에 모든 생각을 없애라 · 132

자신만의 템포와 리듬을 지켜라 · 135

좋은 루틴에서 좋은 스윙이 나온다 · 141

지나친 기대를 버려라 · 147

자기 과신은 금물이다 · 153

욕심을 버려야 멀리 나간다 · 157

과거를 잊고 현재를 지켜라 · 161

불안은 그대로 받아들여라 · 165

실수에 대한 걱정이 화를 부른다 · 172

의도하기 전에 멈추고 집중하라 · 176

머뭇거리거나 망설이지 마라 · 179

완벽한 것은 없다 · 183

실망하면 희망을 잃는다 · 186

뛰어넘어야 정상에 설 수 있다

골프에서는 운도 만들 수 있다 · 193

미스 샷과 10초 룰 · 197

프레셔는 필연이라고 생각하라 · 201

타성을 깨야 새로운 골프가 열린다 · 204

성패는 한 생각에 달려 있다 · 209

보이지 않는 벽을 무너뜨려라 · 212

승부철학을 마음에 심어라 · 215

이기는 전략 · 219

넘어지면 다시 그 땅을 짚고 일어나라 · 224

무상을 깨달으면 슬럼프는 없다 · 228

인내의 골프로 강한 골프를 만들라 · 232

골프의 홀론적 접근 · 235

지금이라는 순간에 충실하라 · 241

열정에 불을 붙여라 · 244

벼랑 끝에서 한걸음 앞으로 나아가라 · 247

골프에서 세상을 깨달아라

골프삼매의 경지에 도달하라 • 253

몸을 통해 골프를 수련하라 • 258

퍼팅은 정신으로 제어하라 • 262

골프의 인과응보 • 266

깨달은 자만이 골프에서 자유롭다 • 272

마음의 적을 물리쳐라 • 277

골프에서 필요한 것은 내면의 힘이다 • 281

무의식에 자신을 내맡겨라 • 283

기다림의 여유를 가져라 • 286

어디에도 머물러 있지 마라 • 289

자신을 알면 골프가 보인다 • 292

무엇이나 대충 하지 마라 • 296

매순간 깨어 있어라 • 299

결코 한순간도 포기하지 마라 • 302

운명의 열쇠는 내 안에 있다 • 305

그러므로 골프는 도다 • 309

• 에필로그 : 그물에 걸리지 않는 바람처럼 살라 313

프롤로그

마음으로 골프 하라

골프가 '육체적 운동'이라는 사실은 분명하다. 하지만 단순히 몸만 사용해서는 골프를 완성할 수 없다. 몸과 정신이 함께할 때 비로소 진정한 골프의 세계를 맛볼 수 있는 것이다. 그렇기에 골퍼에게는 기술과 체력, 그리고 심법心法이 필요하다. 기술과 체력이 뛰어난 골퍼라도 심리적인 요인 때문에 경기에서 낭패를 보는 경우가 많다. 세계적인 선수들이 전속 멘탈 트레이너를 두고 있는 이유는 그 때문이다.

골프의 경기력은 몸과 마음의 조화에 의해 좌우된다. 기량은 뛰어나나 성적을 올리지 못한다면 마음의 문제인 것이다. 그러므로 골프에서는 심법을 아주 중요한 부분으로 다루고 있다.

서양철학은 마음과 신체를 엄격히 구분 짓는다. 플라톤, 데카르트 같은 철학자들은 인간의 본질을 정신과 육체로 분리된 실체로 보았는데, 이러한 심신관(心身觀)은 이원론적 사고이다. 반면 동양에서는 몸과 마음을 하나로 보는(心身一如) 일원론적 사고가 이어져왔다. 이에 따르면 몸으로 익히는 기술도 마음에서 비롯된다고 할 수 있다. 그러므로 골프 멘탈은 동양사상과 선(禪)에 토대를 두어야 한다.

선적 사고(禪的思考)의 유효성은 여러 분야에서 나타난다. 무도와 기예는 예부터 선과 깊은 인연을 맺었다. 최근에는 다른 스포츠에서도 선을 찾아볼 수 있다. NBA의 필 잭슨 감독은 선을 기반으로 한 코칭으로 시카고 불스에 몇 차례나 승리를 안겼다. 농구 선수 마이클 조던은 코트에서나 일상에서나 늘 가슴속에 선 철학을 가지고 있다. 그는 "나는 순간에 살고, 순간에 플레이 한다"라고 말해 자신의 선적 생각을 드러내기도 했다. 일본의 유명한 야구 선수 가와가미 대츠하라는 "야구는 바로 선(球禪一如)"이라며 "선으로 야구를 해야 한다"고 주장하였다.

골프에서는 어떤가. 타이거 우즈의 스승이었던 부치 하먼은 〈USA투데이〉와의 인터뷰에서 "타이거 우즈는 불교를 공부하고 있다. 불교에는 강력한 내면의 힘이 있다"고 밝혔다. 우즈의 어머니인 쿨티다는 어릴 때부터 우즈를 절에 데리고 다니며 선승과 기도하게 하고, 집중하는 방법을 배우게 했다고 한다. 비제이 싱 선수도 선을 골프에 활용하고 있다고 한다. 그는 '동양철학과 선의 신봉자'를 자처하며, "연습장에서 티업 존까지 평상심을 유지하는 법을 배웠다"고 말했다.

이 책은 아마추어 골퍼, 투어 프로, 그리고 티칭 프로 등, 골프를 치는 사람이나 가르치는 사람 모두를 위한 '골프 멘탈' 책이다. 골프를 잘 치게 하는 것은 물론, 골프를 통하여 골퍼들의 정신력을 고양하도록 하는 데 목적이 있다. 이 책에서 나는 골퍼들이 심리적 문제를 해결하기 위해 필수적으로 이해하고 실천해야 할 원리를 다뤘다. 이 원리들은 선과 자아초월 심리학에 대한 나의 오랜 연구와 수련에 바탕을 두고 있다. 티칭 프로로서의 골프에 대한 유난한 애정도 무시할 수 없는 작용을 하였다.

골프를 비롯한 어느 스포츠에서나 정신에 대한 강조점은 주로 '마음을 비워라, 집중하라, 욕심을 버려라' 하는 것들이다. 하지만 실전에서 구체화하기는 힘들어서, 단지 구호에 그치곤 했다. 그래서 이 책에서만큼은 무심이 되는 법, 평상심을 유지하는 법, 집중하는 법, 순간을 사는 법, 마음을 다스리는 법 등과 더불어 깨달음에 이르는 길을 안내하고 싶었다. 모든 골퍼들의 염원은 바로 이러한 방법을 터득하는 것이 아니던가!

그런데 이러한 방법들이 단지 골퍼에게만 도움을 주는 것은 아니다. 당신이 기업을 이끄는 경영자라면 참된 경영의 길을, 당신이 삶을 주체적으로 끌어가고 싶은 사람이라면 올바른 삶의 길을 이 책에서 찾을 수 있을 것이다. 사실 골프는 여러 가지 면에서 경영과 많이 닮았다. 기업을 경영하든 삶을 경영하든, 마음을 경영하는 것이 우선이다. 아무리 지식과 실력을 쌓아도 위기 상황에 냉정하게 대처할 수 있는 평정심, 승리에 집착하지 않는 무심, 실수를 가볍게 넘기는 여유로움을 갖추지 못하면 성공적인 경영이 힘들어진다.

실제로 제자 중에는 "사부님의 골프 철학이 골프는 물론 인생과 사업에도 많은 도움이 되었다"라고 말하는 사람이 많았다. 다른 한편으로 이 책은 골프를 통해 경영의 해법을 전하고 있는 것이다.

나는 인생의 진정한 의미를 찾기 위하여 오랫동안 선, 동양철학, 심리학 등의 실천적 공부를 해왔으며, 이 책의 집필에는 10년이라는 세월 동안 몰두했다. "골프는 도道"라고 외친 지 10년이 되었다는 말이다. 공자가 "아침에 도를 이루면 저녁에 죽어도 좋다(朝聞道 夕死可也)"고 했듯이 도란 모름지기 이루기 어려운 것이지만, 나는 그동안 도의 매력에 흠뻑 빠져 있었다. 그리고 제자들을 가르치면서, 또 몸소 실천해보면서 책의 내용을 하나하나 검증했다. 책 속의 원리들을 골프에 활용해보기를 자신 있게 권하는 근거가 여기에 있다. 한 가지 당부하고 싶은 사실은 이 책을 한 번만 읽어서는 효과가 없다는 점이다. 읽고 또 읽기를, 늘 곁에 두고 수시로 읽기를 바란다.

이 책의 내용을 숙지하고 실제 라운드에 계속 적용하는 과정을 통해, 보이지 않는 내면의 힘을 키우고 평상심을 기른다면 타수를 많이 줄일 수 있을 것이다. 한 번은 KLPGA 투어 프로가 저자의 선禪과 골프 강의를 들은 직후에 열린 국내 투어를 치르고 와서 볼멘소리를 한 적이 있다. "저는 잘 안 되던데요." 처음으로 해봤으니 잘 될 리가 없었던 것이다.

대부분의 골퍼들은 골프를 재미로 하고 있다. 당연히 골프는 재미있어야 한다. 그런데 이구동성으로 "재미 외에 또 다른 특별한 무엇을 배운다"고 말한다. 사실 골프는 많은 교훈을 주는 현자賢者의 채찍과도 같은 것이다. 하지만 이러한 가르침 또한 진심으로 받아들이지 않으면 소용없다.

끝으로, 이 땅의 골퍼들에게 골프는 단순한 놀이가 아니라는 사실과 종국에 가서는 골프를 통한 정신단련으로 지고의 경지인 도道에 이를 수 있다는 사실을 전하고 싶다.

저자 만허滿虛 이학오

골프 경기에서 가장 중요한 것은 마음이다.
마음에 불필요한 생각이 들어오지 않도록 마음 단속을 잘 해야 한다.
많은 골퍼들이 이러한 사실을 잘 알고 있지만 실제 라운드에서는
적용하기가 쉽지 않다. 사람의 마음이 정해진 물결대로
흐르는 강물처럼 심리 매커니즘에 따라 변하는 것만은 아니기 때문이다.
그렇기에 더욱더 만족적인 해결책을 모색할 수밖에 없다.
마음의 상태를 그 어떤 폭풍에도 흔들리지 않는
평정의 상태로 만드는 것이 신의 세계이다.

제1장 골프와 마음의 법

선의 마음,
골프의 기술

골프에서 왜 선을 이야기하는가

세상의 모든 일이 마음먹기에 달렸다고는 하지만 골프처럼 마음이 중요한 스포츠는 없다. 골프는 필요한 기술들을 익히고 체력을 단련하면 어느 정도의 경지에 오를 수 있는 다른 스포츠와는 달리 어느 수준에 올라서면 맞닥뜨리게 되는 장벽이 있다. 그것이 바로 '정신(멘탈)'이다. 골프를 이제 막 시작한 초보건 구력이 제법 쌓인 노련한 골퍼건, 반드시 겪게 되는 시련과도 같다. 왜 그럴까? 14개의 골프 클럽을 능숙하게 다룰 수 있는 스윙 기술만 익히고, 필드의 경험만 잘 쌓으면 스코어를 금세 줄일 수 있을 것 같은데 말이다.

박세리는 1998년 US 여자오픈에서 우리에게 인상 깊은 모습을 보여주었다. 추아시리폰과의 연장결승전에서 수없이 벼랑 끝에 내몰리고 바닥까지 떨어졌지만 정신력으로 위기를 기회로 역전시켜 결국 우승의 기쁨을 맛보았다. 당시 박세리는 최악의 상태에서도 결코 냉정함을 잃지 않았다. 골프화를 벗고 물속에 들어가는 박세리의 투혼은 감동 그 자체였다. 결국 상대 선수인 추아시리폰은 자기 페이스를 잃고 무너졌다.

박세리와 추아시리폰의 운명을 가른 결정적인 요인은 분명 기량의 차이는 아니었다. 세계적인 대회에 참여하는 프로 골퍼들의 기량은 크게 차이 나지 않는다. 변화의 여지가 많은 야외 공간인 골프 경기장의 조건도 선수들에게 많은 영향을 미치기는 하지만, 이 또한 프로라면 충분히 단련되어 있어야 할 부분이다. 문제는 마음 상태에 있었다. 성공에서 멀어질 수밖에 없는 최악의 상황을 위기라고 인식하고 좌절하기보다 새로운 각오로 최선을 다한 박세리는 골프에서 가장 중요한 것이 정신, 즉 마음에 있다는 것을 알고 있었던 것이다.

골프를 처음 시작했을 때는 클럽을 쥐는 것만으로도 기쁘고 흥분된다. 곧 필드로 나가 멋진 샷을 날릴 생각에 고된 연습 과정도 달게 받아들인다. 하지만 드라이버에서 퍼팅에 이르기까지, 어드레스, 백스윙, 다운스윙, 임팩트, 폴로스루 등을 효과적으로 할 수 있도록 기술을 연마하고, 골프에 대한 지식을 쌓기 위해 관련 서적도 탐독해보지만, 마음대로 늘지 않는 자신의 실력에 대한 실망감만 커지게 된다. 필드에 나가 성공적으로 머리를 올렸다고 하더라도 만족감을 계속 맛보기란 쉽지 않다. 연습장에서는 만족스럽던 샷이 이상하게도 필드에서는 잘 나오지 않는다. 정말 마음대로 잘 안 된다.

가장 답답한 상황은 평상시에는 잘 하다가도 중요한 순간에 터무니없는 실수를 하는 경우다. 또는 라운드 초반은 잘 이끌어가다가 마지막 18홀에 가까워질수록 어처구니없는 실수를 자주 하는 경우다. 마지막 홀에서 베스트 스코어를 기록할 찬스인데 어이없이 미스 샷으로 기회를 놓치는 경우도 그렇다. 그러한 실수는 안정적으로 70대 타수를 자랑하는 싱글핸디캡의 골퍼라고 해서, 또는 프로 골퍼라고 해서 피해갈 수 있는 것이 아니다.

실수를 하게 되는 데는 여러 가지 이유가 있을 것이다. 미숙한 스윙 기술이 한 원인일 수 있지만, 대부분의 경우 심리 상태가 가장 주요한 원인이다. 흔히들 한 라운드에 한두 번은, 샷을 할 때 집중력을 잃고 실수하게 된다. 그러다 보면 3~5타는 손해를 본다. 1~2타 정도는 곧 만회할 수 있다고 스스로를 위로해보지만 마음은 이미 흔들렸을 가능성이 높다. 그러다 보면 다음 번에도 미스 샷으로 스코어를 망치기 마련이다.

한 마디로 골프는 정신 상태에 따라서 스코어가 상당히 달라지는 스포츠이다. 기술이 뛰어난 세계적인 골프 선수들 사이에서도 기술보다 정신 상태가 문제가 되는 이유이기도 하다. 특히 골프는 생각할 수 있는 시간이 많이 주어지는 경기이기 때문에 정신 상태의 영향을 많이 받는다. 아무리 기량이 뛰어난 투어 프로라고 하더라도 관중들의 소란, 과도한 압박, 긴장 등의 작은 동요 때문에 스윙을 흐트러뜨릴 수 있다. 그러므로 마음을 다스리는 문제는 베스트 스코어를 달성하기 위한 중요한 포인트가 된다.

골프와 심리 상태를 연계시켜 생각한 것은 아주 오래전부터다. 프로 골퍼인 바비 존스는 1920년대에 이미 '멘탈 게임'의 중요성을 강조했다. 최근에는 다양한 신체 메커니즘을 연구해 테크닉을 중시해오던 스포츠에 정신적 측면을 연구하는 심리학을 결합시킨 스포츠 심리학sports psychology이 하나의 학문 영역으로 자리 매김하고 있다.

이러한 경향은 다른 어떤 스포츠보다 멘탈 측면이 강한 골프에서 더욱 뚜렷하게 나타나고 있다. 골프에 대한 심리 기술 훈련 프로그램이 개발되어 많은 우수한 선수들의 기량을 높이는 데 한몫하고 있다.

하지만 이러한 심리 기술도 동양철학 차원에서 보면 결국 기술을 높이기 위해 희로애락의 감정을 억지로 제어하는 마인드 컨트롤의 범주를 벗어나지 못한다는 지적을 받는다. 어떤 일을 하더라도 순리에 따르는 자연스러움을 강조하는 동양적 관점과는 상당히 대조적이라고 할 수 있다.

동양의 선禪은 마음의 평정을 추구하는 수단이다. 마음의 상태를 직시하여 고요한 물과 같은 평정을 추구하기에 감정을 조절하는 문제를 기술적으로 해결하려 들지 않는다.

선의 세계에서 선은 불립문자不立文字로 표현되며, 최고의 깨달음에 이르는 경지는 말이나 글로 전할 수 없는 것이라 한다. 다시 말하면 기술을 연마하여 어느 경지에 이르게 되면 그 방법을 도저히 설명할 수 없는 경우가 생기는데, 바로 그것이 최고 깨달음의 경지인 것이다. 그래서 선의 세계에서는 마음을 다스리는 방법을 말이나 글로 배우는 것이 아니라 앞서 수행하는 자들의 방법을 따라 하는 체험으로 얻을 수밖에 없다. 마인드 컨트롤을 하기 위해서 여러 가지 심리 기법들을 연구하는 것과는 다르게 선각자들의 행적이나 언행에 관심을 기울일 수밖에 없는 이유가 그 때문이다.

골프 경기에서 가장 중요한 것은 마음이다. 마음에 불필요한 생각이 들어오지 않도록 마음 단속을 잘해야 한다. 경기에 집중하고 자신의 스윙을 믿어야 한다. 많은 골퍼들이 이러한 원칙을 잘 알고 있으나 실제 경기에서는 적용하기가 쉽지 않다. 그러므로 이러한 원칙을 어느 때나 어느 곳에서나 적용할 수 있는 능력을 키워야 한다.

이러한 능력은 단지 정신의 문제를 기술을 연마하듯 분석하고 개선한다고 해서 길러지는 것은 아니다. 육체를 단련하듯 정신도 강하게 훈련시킬 수 있겠지만, 어느 순간에는 벽에 부딪힐 수밖에 없는 한계가 있다. 사람의 마음이 정해진 물길대로 흐르는 강물처럼 심리 메커니즘에 따라 변하는 것만은 아니기 때문이다. 잘 단련된 마음도 한순간 무너질 수밖에 없는 것이 사람의 연약한 마음이다. 그렇기에 더욱더 원초적인 해결책을 모색할 수밖에 없다. 마음의 상태를 그 어떤 폭풍에도 흔들리지 않는 평정의 상태로 만드는 것이 선의 세계이다.

골프는 몸으로 스윙 메커니즘을 연마해 코스를 하나씩 공략하는 단순한 게임이 아니다. 보이는 것을 뛰어넘는 형이상학적인 면을 가진 정신의 스포츠이다. 일찍이 독일의 사상가이자 철학자인 오이겐 헤리겔Eugen Herrigel이 《활쏘기의 선》이라는 책을 출간하면서 불기 시작한 서양인의 동양 선에 대한 관심이 더욱 높아지게 된 것도 그 때문이다. 타이거 우즈 등 많은 최상급 선수들이 자신의 훈련 과정에 명상, 요가 등의 선 수련을 추가한 것도 골프의 정신적인 면,

선적인 면을 인식했기 때문이다.

그렇게 본다면 우리나라 선수들, 특히 여자 선수들이 골프와 양궁 등의 스포츠 분야에서 뛰어난 성적으로 세계를 놀라게 할 수 있었던 것은, 서양과는 다른 선이라는 정신적 풍토 때문이라고 할 수 있다. 또한 골프나 양궁, 사격 등의 스포츠가 선과 밀접하게 관련되어 있기 때문이기도 하다.

마음을 순간에 집중시켜라

골프에서 기술이 중요하냐 정신이 중요하냐는 물음은 우문愚問이다. 골프를 흔히 '멘탈 70, 기술 30'의 스포츠라고 하지만, 그 또한 기본을 갖춘 다음에 나오는 얘기다. 그립에서부터 어드레스, 백스윙, 다운스윙, 폴로스루에 이르기까지 자세와 몸동작을 익혀 스윙 기술을 갖추어야 골프를 시작할 수 있는 것이다.

골프는 클럽을 이용해 원하는 곳에 공을 얼마나 정확히 옮겨 놓느냐에 따라 승패가 갈린다. 이때 골퍼에게 요구되는 능력은 신체적인 능력과 정신적인 능력으로 나눌 수 있다. 골프를 하기 위한 신체적인 능력은 클럽을 잘 다룰 수 있는 스윙 기술과 체격, 체력 등을 포함하는 신체 조건이다. 골프에 필요한 체격 조건은 특별하지 않다. 물론 팔이 길거나 키가 큰 사람이 더 큰 원을 그릴 수 있기 때문에 스윙 할 때 그리는 원이 더 커지고 임팩트 순간 터져 나오는 힘의 크기가 달라질 수는 있다. 하지만 신체적인 능력은 충분조건일 뿐이다.

그렇다면 골프 경기에서 훌륭한 샷은 언제 나오는가? 골프에서 요구되는 기술은 평소에 훈련이나 연습 등을 소홀히 하지 않는다면 문제가 될 것이 없다. 기술적인 측면에서만 본다면 최상급 선수들의 기량이 별다른 차이점을 보이지 않는 것도 이 때문이다. 자신의 신체 조건을 잘 활용하여 클럽을 잘 다룰 수 있는 기술만 확보한다면, 스코어를 줄일 수 있는 것이다.

공을 도구를 이용하여 원하는 곳으로 보낸다는 점에서 야구는 골프와 비슷하다. 하지만 야구는 움직이는 공을 치지만 골프는 정지되어 있는 공을 치게 된다. 사람은 항상 정지된 사물보다는 움직이는 사물에 시선을 더 많이 빼앗기게 마련이다. 그러므로 날아오는 공에 집중해야 하는 야구에서는 생각의 틈이 줄어들 수밖에 없다. 하지만 정지되어 있는 골프 공 앞에서는 여러 상념이 생길 여지가 많다. 골프 공을 대하는 순간은 짧지만, 온갖 생각들이 교차하게 된다.

전반적으로 운동 수행에서 집중능력은 운동 수행자의 정신적 산만을 유발하는 외적·내적 자극에 반응하지 않는 능력이라 할 수 있다. 이때 외적 자극이란 관중의 응원이나 야유, 심판의 좋지 못한 행위, 그리고 상대방의 비신사적인 행위 등을 포함한다. 내적 자극은 '나는 정말 피곤해', '실수할 것 같다'와 같은 자기 자신의 부정적인 생각이나 감정적인 산만함을 포함한다. 그러므로 운동 수행에서 필요한 집중능력은 운동 수행자들이 수행 몰입 상태를 적절하게 유지할 수 있도록 학습함으로써 조절할 수 있어야 한다.

마찬가지로 골프에서 요구되는 집중능력도 외적·내적 자극에 의한 정신적 산만을 없애야 얻을 수 있는 것이기 때문에, 골퍼들은 훌륭한 운동 수행을 위해 어떠한 외적 요인과 내적 요인에 대해서도 집중 상태를 유지해야 한다. 즉 부적절한 외부 자극을 포함하여 실제 경기 상황에서 일어날 수 있는 어떠한 외부 자극에 노출되더라도 집중할 수 있도록 훈련되어야 한다. 또한 내적인 자극에 의한 정신적 산만은 불리한 환경이나 상황에 처할수록, 혹은 실수한 후에 보다 현저하게 나타나기 때문에 집중력을 빨리 회복하고 언제든지 다시 집중할 수 있도록 훈련되어야 한다.

정신집중을 위한 가장 바람직한 마음가짐은 현재의 순간에만 초점을 맞추는 일이다. 예를 들면, 어드레스 순간에 '잘 맞을 것'이란 기대 외에는 모든 부정적 가능성을 완전히 배제하는 것이다. 그리고 공이 원하는 곳에 정확히 떨어질 것이라고 믿으면 된다. 스윙 중에 공이 잘못 맞지 않을까 의심할 필요가 없다. 그런 염려는 스윙이 다 끝난 뒤 평가해도 늦지 않다.

우리는 골프 지존이라 칭하는 타이거 우즈의 경기를 자주 본다. 그는 종종 드라이버 샷으로 300야드까지 보내고, 정교한 아이언 샷으로 공을 홀 컵에 가깝게 붙인다. 그러나 타이거 우즈가 승리하는 이유는 실력도 실력이지만 상대를 무너뜨릴 수 있는 침착함과 한 샷 한 샷에 집중할 수 있는 정신적 능력 때문이다. 타이거 우즈는 위기 때마다 집중력을 발휘해 그린 주변에서 어프로치 샷을 홀 컵에 바짝 붙이고 1~2미터 이내의 파 퍼팅을 성공시켜 위기를 극복했다. 한 마디로 타이거 우즈의 최대 강점은 집중력이다.

골프 한 경기를 마치려면 거의 4~5시간 정도는 걸리지만 실질적으로 샷이 이루어지는 것은 아주 짧은 순간뿐이다. 공이 놓인 곳까지 이동하는 시간, 다음 홀로 이동하는 시간, 다른 경기자의 경기를 지켜보는 시간 등이 오히려 더 많이 차지한다. 막상 골퍼가 공을 치는 순간은 아주 짧다. 그럼에도 그 순간 집중력을 고도로 발휘하기 힘든 것은 그 나머지 시간 동안 벌어지는 상황들 때문이다. 움직이고 기다리는 사이에도 골퍼들은 계속 생각을 하게 된다. 임팩트 순간이 좋았다고 생각하는데 왜 벙커에 빠졌을까, 저 사람은 나보다 핸디캡이 높은데 스윙 폼은 잘 잡혔단 말이야, 오늘은 컨디션이 안 좋은데… 등, 끊임없이 몰려드는 여러 생각들은 이동하는 시간, 다른 사람의 경기를 지켜보는 시간 내내 골퍼를 괴롭히게 된다. 이때 골퍼는 두려움, 좌절감, 걱정 근심 등 여러 감정의 곡선을 그리면서 몰려오는 잡념으로 인해 막상 집중해야 할 순간에는 집중할 수 없는 것이다. 골퍼의 생각만이 집중력을 방해하는 것은 아니다. 그러한 내적 자극 못지않게 우리를 괴롭히는 것이 외적 자극이다. 부정적인 외적 자극에는 경기장의 상황, 관중의 태도, 심판의 태도 등이 있다.

그중에서 대표적인 것으로 관중의 소란을 들 수 있다. 2002년 월드골프챔피언십(WGC)시리즈 아맥스(AMEX)챔피언십 최종 라운드에서 17번 홀까지 71홀을 도는 동안 단 한 개의 보기도 범하지 않은 타이거 우즈는 티샷을 페어웨이에 안착시켜 무결점 우승이라는 대기록을 목전에 두고 있었다. 그린까지 남은 거리는 237야드였고, 타이거 우즈가 4번 아이언으로 세컨 샷을 날리려고 하는 바로 그 순간, 카메라 플래시가 터졌다. 이에 놀란 우즈가 호흡을 가다듬고 샷을 했지만 그린 근처 오른쪽 러프에 빠지고 말았다. 결국 우즈는 1미터짜리 파 퍼팅마저 놓쳐 보기를 기록하고 홀 아웃 했다. 경기 후 우즈는 "갑작스레 플래시가 터져 집중력을 잃었다"고 솔직하게 고백했다. 아무리 뛰어난 프로 골퍼가 날리는 샷이라도 집중력에 좌우된다는 것을 증명하는 한 예라고 할 수 있다.

 사실 대부분의 골퍼들이 골프에서 정신집중이 가장 중요하다는 것을 인식하면서도 구체적으로 어떻게 하면 집중할 수 있는지에 대해서는 잘 모르는 경우가 많다.

 과연 골퍼들은 집중력을 어떻게 높일 수 있을 것인가? 볼록렌즈로 태양 빛을 모아 종이를 태우듯 모든 신경을 한 점에 집중시켜야 한다. 그렇게 되면 퍼팅 때에 오로지 홀 컵 외에는 아무것도 안 보이는 상태가 되거나 어드레스 할 때에 누군가 말을 건네도 전혀 알아차릴 수 없는 완전몰입의 상태가 된다.

 골프 경기에서 샷을 하기 전에는 코스 레이아웃, 거리, 바람, 핀의 위치 등 여러 가지 상태에 주의를 기울이는 것이 필요하지만 실제로 샷을 하려고 할 때에는 어느 한 점에 주의를 집중하는 것이 중요하다. 집중을 계속하려면 에너지가 필요하다. 장시간 집중하고 있으면 정신적으로 피로해지므로, 필요할 때만 집중하는 것이 이상적이다. 라운드 중에 집중력이 떨어졌을 때에는 신체적인 자극을 가해 주의를 환기시키는 것도 한 방법이다. 예를 들면 손바닥을 비비거나,

클럽을 강하게 잡거나 아니면 몸에 열이 나도록 빈 스윙을 해보는 등의 방법을 써보는 것이다.

집중력을 높이기 위해서는 한 분야에서 최고 경지에 도달한 명인名人 또는 달인達人들의 집중력 단련법을 엿보는 것도 한 방법이다. 이들은 주로 듣는 것에 의한 방법, 보는 것에 의한 방법, 생각하는 것에 의한 방법, 행동에 의한 방법 등을 사용해왔다.

무엇인가에 귀를 기울이는 행동은 집중력을 키워준다. 졸졸 흐르는 시냇물 소리를 듣고도 삼매경에 든다는 선수행 스님들은 조용히 차 끓이는 소리나 노랫소리에 귀를 기울이는 것만으로도 집중력이 길러진다고 한다. 옛날 무사들은 무엇인가에 귀 기울이는 행동을 통해 집중력을 단련했다고 한다. 평소에 어떤 소리든 대상을 정해 귀를 기울이는 훈련을 해보는 것도 집중력을 기르는 한 방법이 될 것이다.

보는 것에 의존하는 방법은 응시법이라고도 하는데, 무엇인가를 장시간 응시하는 것이다. 대상이 무엇이든 한 점을 5분 정도 응시하다가 집중이 익숙해지면 10분을 계속해도 좋다. 철학자 칸트가 창밖의 전나무를 매일 아침 뚫어지게 봄으로써 집중력을 단련했다는 이야기는 유명하다. 옛날 일본의 한 궁도 도장에서는 눈이 오면 연습을 중단하고 모두가 내리는 눈을 지켜보았다고 한다. 자, 샷을 하기 전에 눈앞의 공을 응시해보자. 결과는 놀랍게 달라질 것이다.

어느 한 가지 일을 계속 생각하는 것도 집중력을 단련하는 방법이다. 일정한 목적을 가지고 규칙이나 법칙에 따라 꾸준히 연습을 하면 집중력이 생긴다. 골프에 대해 꾸준히 생각하면 기량이 향상될 뿐만 아니라 집중력도 높아질 것이다.

자신감으로 목표를 공략하라

골프는 '자신감의 경기'라는 말이 있다. 자신감은 골프뿐만 아니라 우리의 일상에서도 중요한 마음가짐이다. 자신감은 자신에게 요구되는 행동을 성공적으로 수행할 수 있는 신념이라고 정의할 수 있다. 자신감은 외부에서 주어지는 것이 아니다. 스스로를 믿는 것이다. 자신의 기량을 믿고 정신을 믿을 때 최상의 수행은 가능해진다. 다시 말하면 자신감 있는 선수는 자신에게 요구된 기술을 신체적으로 또는 정신적으로 수행할 수 있다고 확고하게 믿는다. 3~4미터의 퍼팅을 할 경우라도 자신감은 큰 위력을 발휘한다. 꼭 넣을 수 있다는 자신감을 가지고 스트로크를 했을 때 성공할 확률이 큰 것이다.

하지만 이러한 자신감도 자신의 기량을 충분히 함양시키지 않았을 때는 무용지물이다. 기본적인 역량을 갖추지 못한 사람에게 자신감만 있으면 잘해낼 수 있다고 부추기는 것은 어린아이에게 자신감으로 칼을 잡고 요리를 하라고 하는 것과 다를 바 없다. 골프 기술을 몸에 충분히 익혀 몸의 근육 속에 스윙 기술을 새겨서, 어느 순간이 와도 흔들리지 않는 기술을 가지고 있는 상태라야 된다는 것이다.

자신감은 다른 말로 하면 자기에게 거는 일종의 주문이라고 할 수 있다. '나는 잘할 수 있다', '나에게는 그럴 힘이 있다'라고 자신의 기량을 믿고 그 믿음대로 행할 수 있는 것은 자신에 대한 믿음에 기초한다. 일종의 자기충족적인 예언이라고 할 수 있다.

대체로 자기충족적 예언은 우리 인생의 방향 지시등 역할을 한다. 자신의 능력을 믿고 성공을 향해 나아갔을 때는 성공이 기다리고, 망설이거나 실패에 대한 우려를 먼저 하고 일을 대했을 때는 실패가 우리를 맞이한다. 특히 부정적인 자기충족적 예언은 악순환을 유도하는 심리적 장벽으로 발전한다. 자신감 없이 덤빈 일은 잘못되기 십상이고, 이러한 실패의 경험 때문에 어떤 일을 하든 자신감을 잃게 된다.

일본 메이지 시대에 오오나미大波, 즉 '큰 파도'라는 뜻의 이름을 가진 스모 선수가 있었다. 그는 힘이 세고 기술도 뛰어났기 때문에 연습할 때는 어느 누구도 그의 적수가 되지 못했다. 하지만 경기에만 나가면 기술이 형편없는 후배들에게도 여지없이 지고 말았다. 자신에게 충분한 기술과 체력이 있는데도 시합에서 지면 어떻게 하나 하는 불안감을 가지고 경기에 임했기 때문이다. 그러한 마음 상태이면 어느 한곳이라도 허점을 보이게 되는 것이다.

여러 차례의 패배로 실의에 빠진 오오나미는 한 노스님의 권유로 자신의 이름대로 자신을 '거대한 파도'로 만드는 명상수련에 들어갔다. 몇 달 후, 어느 날 깊은 명상에 잠긴 오오나미는 아주 특별한 경험을 하게 된다. 출렁거리던 파도가 밤이 깊어갈수록 차츰 거세지고 자기가 큰 파도로 변하는 듯한 느낌이 들면서 무슨 일이든 잘해낼 수 있을 것 같은 에너지를 느끼게 되었다. 자신감을 얻게 된 것이다. 다음 날, 오오나미의 명상 체험을 전해 들은 스님은 오오나미의 어깨를 두드리며 "해내었구나. 자네는 이제 큰 파도가 될 것이네!"라고 격려했다. 그렇게 명상으로 자신감을 얻은 오오나미는 전국 스모대회에 출전해 승리를 거두었으며, 그 뒤로 그를 이긴 사람은 아무도 없었다고 한다.

와인버그Weinberg와 굴드Gould는 자신감의 효과에 대해 "자신감은 어떠한 부담감 속에서도 정신적인 안정과 신체적인 이완을 가져와 치열한 경쟁 상태에서도 공격적이고 강인한 행동을 할 수 있고, 당면과제에 주의를 집중할 수 있게 한다. 그리고 도전 목표를 설정하고, 그 목표를 달성하기 위해 능동적으로 노력하도록 하며, 기회를 놓치지 않고 과감한 전략으로 경쟁을 주도할 수 있게 한다. 또한 자신감은 심리적 모멘텀momentum에 영향을 주는 중요 요소로 어려운 상황을 만나면 이것을 도전으로 간주하고 증가된 결정력으로 반응할 수 있게 한다"라고 말했다.

아놀드 파머는 "토너먼트 프로 선수는 자신감이 있어야 살아남을 수 있다"고 말했다. 사실 수많은 선행 연구들은 성공하는 선수와 그렇지 않은 선수를 구별해주는 가장 일관된 요인이 자신감이라고 지적하고 있다. 이것은 우수한 선수들은 한결같이 높은 자신감을 나타내고 있다는 것을 의미한다.

서희경 선수가 2008년 9월 중국 상하이의 빈하이GC에서 열린 한국여자프로골프(KLPGA) '빈하이오픈'에서 최종합계 9언더파 207타로 우승을 차지했다. 이로써 서희경은 한 달 전인 8월 '하이원컵'에서 정상에 오른 이후, 'KB국민은행 스타투어 3차 대회'에 이어서 연이어 3주 연속 우승이라는 대기록을 세웠다. 서희경 선수는 "3주 연속 우승의 비결은 자신감"이었다고 말하면서, "실수를 하거나 안 좋은 상황이 와도 당황하거나 조급한 마음이 없었으며 오히려 차분해졌다"고 덧붙였다.

그렇다면 골프를 잘하기 위한 자신감은 어떻게 기를 수 있을까? 자신감은 어떤 일의 완수, 즉 성공의 경험에서 온다. 자신감과 성공의 관계는 '닭이 먼저냐, 달걀이 먼저냐'

하는 결론 없이 계속되는 논쟁과 매우 유사하다. 즉 골프 코스에서 자신감을 가지면 성공하고, 반대로 자신감은 성공을 함으로써 얻어진다는 것이다. 물론, 긍정적인 생각을 가지고 성공적인 심상을 그리고, 체력을 강화하는 등의 철저한 준비를 통해서도 자신감을 키울 수 있다. 먼저 측정 가능한 연습 목표를 설정하고 날마다 이를 달성하도록 노력해야 한다. 목표가 달성되면 다시 목표를 상향조정하거나 새롭게 설정하여 달성하도록 시도한다. 이러한 구체적인 실천과 성공 경험이 쌓여 자신감을 형성하게 된다.

명심해야 할 것은, 자신감은 결국 실천이 밑바탕 되지 않으면 얻을 수 없는 허세가 된다는 사실이다. 다시 말해 진리를 깨달은 자는 확신을 얻을 것이고, 꾸준히 기술을 연마한 자는 자신감에 넘친다는 것이다.

그러므로 골프에 임할 때, 실제로 체득한 기술력에 바탕을 둔 자신감을 가져야 한다. 자신감은 골프 스윙 연습과 실전으로 기술력이 향상되어야만 생기는 것이다. 일본의 유명한 골프 선수인 아오키는 '이론이 아닌 몸으로 깨달은 기술만이 직감과 일치하기 때문에 실제 라운드에서 자신 있게 샷을 시도할 수 있다'고 했다. 이 말은 체득體得의 중요성을 강조한 것이다.

평상심으로 평온을 유지하라

골프라는 운동은 육체적인 면으로만 본다면 바이오미케닉스, 즉 생리학적인 신체구조를 단련해서 역학 원리에 따라 움직이는 것이라고 할 수 있다. 그런 측면에서 최상의 골프 수행능력은 신체적인 훈련의 양과 질에 비례하는 것이 당연하다. 골프 클럽을 잘 다루고 완벽한 스윙 동작만 몸에 익히면 당연한 결과로 최상의 스코어를 낼 수 있어야 한다.

이때 관건이 되는 것은 얼마나 많은 시간을 투자해서 올바른 스윙 동작을 몸에 익혔느냐이다. 그렇기 때문에 골프에 입문하는 많은 사람들이 연습장에서 땀을 흘리고, 유능한 골프 코치를 찾아 레슨을 받는 것이다. 거기에 조금 더 노력을 기울여 골프의 정석을 알려주는 많은 기술서들을 탐독하기도 한다.

하지만 오랜 시간 동안 고도의 신체 훈련을 거쳤다고 해서 실제로 필드에 나가 경기에 임했을 때 연습장에서 갈고 닦은 솜씨가 제대로 발휘되는 경우는 많지 않다. 충분히 훈련했기에 바라는 결과대로 스코어가 나와야 하는데, 안타깝게도 연습과 실제 스코어가 반드시 비례하지는 않는다. 그러한 결과는 연습장과 필드의 환경적인 차이에서 오는 것일 수 있다. 모든 것이 안정된 환경인 연습장에서는 골프 공에만 집중해서 스윙 동작을 익힌 대로만 하면 되지만, 실제 필드는 공간감부터가 다르다. 사방으로 터진 자연 공간, 쏟아지는 햇살, 바람의 방향 등 안정되지 않은 환경적 조건 때문에 골퍼는 연습의 결과를 충분히 발휘하지 못할 가능성이 크다. 또한 여러 번의 필드 경험을 쌓았더라도 항상 똑같은 결과가 나오는 것은 아니다. 자신이 기울인 노력만큼 안정된 샷을 구사할 수 있다면 좋을 텐데 그렇지 못하다는 데에서 골퍼들의 고민이 시작된다.

그것은 바로 환경적인 조건의 영향 외에 골프가 눈에 보이는 육체와 보이지 않는 정신의 활동으로 이루어진다는 사실 때문이기도 하다. 그래서 많은 골퍼들이 구력이 쌓일수록 육체적 기술은 물론 심리 기술에 신경을 많이 쓰게 된다.

스포츠에서 심리적 측면의 훈련은 이미 올림픽에 출전하는 선수들에게 적용시켜 큰 성과를 거두었으며, 이에 대한 연구는 계속되고 있다. 1977년 스포츠 심리학자인 라비자 Ravizza Ken는 선수들이 최상의 운동 수행을 하는 동안 그들이 느낀 주관적 경험에 관한 연구 결과를 발표했다. 그 결과, 우수한 성적을 거둔 선수들은 불안이나 공포가 거의 없고, 수행에 대한 특별한 생각이 없이 경기에 완전히 몰두했다는 사실을 알았다.

최근에는 스포츠 심리학자 패트릭 콘Cohn 박사가 경쟁력 있는 골퍼들에 관한 연구에서 이전의 여러 연구 결과들을 훨씬 더 구체화시켰다. 대학 골퍼들, 투어 골퍼들과 교습전문 골퍼들에게 그들의 최상 수행 경험에 관한 질문을 한 것이다. 이 연구에서도 최상 운동 수행 시에는 공포심이 없고 현재의 상황에만 몰두했으며, 신체는 물론 심리적으로 충분히 이완되어 있었다는 것이 밝혀졌다. 이러한 서양 스포츠 심리학자들의 연구결과를 한 마디로 이야기하면, 최상의 수행을 위해서는 두려워하지 말고 몰두해야 한다는 것이다.

이것은 동양철학에서 말하는 '평상의 상태', 즉 평상심으로 일을 수행하라는 것과 같은 차원으로 해석될 수 있다.

평상심平常心이란 말은 외부의 자극이나 충격 등의 조건 변화를 무난히 수용해 동요가 전혀 없는 평온한 마음 상태가 유지되는 것을 말한다. 이러한 평온한 상태는 고요한 상태를 뜻하며, 우리의 일상에서도 찾아볼 수 있다. 일상의 활동에서 우리는 어떤 동요나 갈등이 없다. 항상 해오던 일이기 때문에 어떤 두려움이나 망설임이 있을 수 없다. 그리고 어떤 조건에 영향을 받을 필요가 없기 때문에 모든 일을 자신의 의지대로 이성에 따라 처리할 수 있게 된다.

이러한 마음 상태야말로 현명한 사리판단 능력을 갖출 수 있으며, 모든 행동을 거침없이 자연스럽고 적극적으로 수행할 수 있는 최고의 생명력을 가진 심리 상태인 것이다.

'평상심이 도(平常心是道)'라는 말이 있듯이 동양에서는 평상심을 마음 수행의 최종 목적으로 삼아왔다. 이것은 바로 도의 경지이기도 하다. 옛날부터 병법兵法의 도道에서는 전시戰時에 평상시平常時와 다른 마음가짐을 가지는 것은 좋지 않다고 지적했다. 특히 일본의 무사이자 뛰어난 전략가인 미야모토 무사시는 평상시에나 전시에나 조그마한 마음의 변화도 없어야 한다고 강조했다. 미야모토 무사시의 경우 언제나 전투시와 같은 마음가짐을 유지했기 때문에 평상시와 전시로 마음 상태를 구분하는 것은 의미가 없는 일이었다. 따라서 누구나 이러한 정신 상태를 가지고 있는 사람에게는 전시와 평상시에 경계가 없는 것이다. 지금도 검도에서는 평상심 또는 부동심이야말로 소위 버려야 할 네 가지 병, 즉 놀람, 두려움, 망설임, 당황을 다스리는 방편이 된다고 한다.

그러면 골퍼들은 어떻게 평상심을 배양할 것인가? 언제나 자기 자신을 닦는 일, 곧 수기修己를 근본으로 삼아 평상심을 기르도록 부단히 노력해야 한다. 즉 평상시에도 언제나 골프 경기를 하는 마음가짐을 가져야 한다는 것이다. 비법이 따로 있을 수 없다. 다른 사람이 10년 공부해서 얻은 것을 1년 만에 터득할 수 있는 비법이 있다면 그것은 거짓이다. 한 번 전투를 해본 사람과 열 번 전투를 한 사람은 다르다. 마음을 어떻게 쓰느냐 하는 방법에 따라 어느 정도 차이는 있을 수 있지만 그 방법을 확실히 아는 사람은 아무도 없다. 훌륭한 코치나 선수들의 경험을 따라 배우고, 또 스스로 경험하면서 체득하는 것이 비법이라면 비법이다.

평상심을 기르기 위해서는, 심신일여心身一如라는 말이 있듯이 마음과 몸을 동시에 갈고닦아야 한다. 육체적 훈련이 우선이고 다음이 마음이라는 생각을 버려야 한다. 몸과 마음은 수레와 수레바퀴처럼 조화를 이루어야 하는 것으로 선후가 따로 있을 수 없다. 정신을 안정시켜 평상심을 유지함과 아울러 균형 잡힌 바른 자세로 신체적 안정, 즉 스윙의 안정을 꾀해야 한다.

2008년 브리티시오픈에서 호주의 그렉 노먼이 골프의 진수를 선보였다. 53세의 노먼은 첫날부터 상위권에 포진하며 3라운드에는 선두로 뛰어올라 젊은 선수들을 부끄럽게 만들었다. 그는 자연과 정면으로 맞서 싸우기보다는 순응했다. 대회를 마친 후 노먼은 "출전하기 전이나 출전해서나 똑같은 마음을 유지하려고 노력했다"고 말했다. 노먼은 평상심平常心의 중요성을 분명히 알고 있었던 것이다.

마음을 비우고 무념무상하라

스포츠 심리학자들은 많은 연구를 통해 골퍼들이 최상의 운동 수행 시에는 망상이나 공포심이 없고 현재의 상황에 몰두하고 있었다고 밝혔다. 이러한 스포츠 심리학자들의 연구 결과를 한 마디로 요약하면, 최상 수행을 위해서는 정신통일의 상태가 되어야 한다는 것이 되겠다. 정신이 최고로 통일된 상태는 무념무상無念無想의 상태와 동일한 차원으로 해석될 수 있다. 우리가 어떤 일을 몰두하여 성공적으로 완수했을 때, 흔히 '아무 생각 없이 했다'라고 말하는 것도 같은 맥락으로 볼 수 있다. 이것이 무심이다.

박찬호 선수가 LA 다저스팀에 있을 당시, 참선을 통해 욕심을 완전히 버린 '무심無心 피칭'으로 시즌 최고 고지에 도전했다는 것은 잘 알려진 사실이다. 그는 무념무상의 마음가짐으로 마운드에 섰다고 했으며, 참선수행을 시작한 이후 머리가 맑아지고 집중력이 향상되었으며, 또한 마음의 평정을 얻었다고 참선의 효과를 말했다.

무념무상은 글자 그대로 아무것도 생각하지 않고, 아무것도 의식하지 않는, 소위 무의 상태가 되는 것을 말한다. 물론 이것은 우리들 마음의 이상적 상태 ideal state라고 볼 수 있다. 하지만 이러한 상태가 과연 가능할까? 아무것도 생각하지 않고, 아무것도 의식하지 않으며, 아무것도 모른다는 것은 죽은 사람이거나 실신한 사람 외에는 불가능한 일처럼 보이기 때문이다.

참선을 하는 고승들은 참선이란 한 마디로 무념무상의 상태가 되는 것이라고 강조했으며, 혜능선사의 가르침을 적어 놓은 〈육조단경〉에는 '무념위종無念爲宗'이라 해 '생각 없음을 근본으로 삼는다'고 했다. 사실 선은 불교 이전 인도철학에 기원을 둔 것으로 알려져 있는데, 선의 본질은 '사유思惟의 중지'라는 관념에 있었다. 그리고 초기불교 경전에서 그 목적이 '사유의 중지'라고 설명될 수 있는 다양한 선정禪定과 삼매이론을 발견할 수 있으므로, 당시의 선정이론의 목적이 '사유의 중지'였다는 점은 확실한 듯하다.

선승들이 말하는 무념무상 상태일 때 뇌파를 측정해보면 알파파가 방사된다. 이것이 바로 정신통일 상태이다. 이런 점으로 해석한다면 무념무상이란, 결국 정신통일 상태와 일치한다는 이야기가 된다. 그렇다면 정신통일이라는 것은 어떤 상태를 말하는가? 이것은 아무것도 생각하지 않는 것이 아니라, 다만 정신통일을 방해하는 잡념이나 망상 등에 대해 무념無念이고 무상無想일 따름이다. 즉 의식이 한 가지 일에 집중된 상태이다. 다시 말하면 마음의 작용이 어떤 일정한 일에 집중되어 잡념, 망상에 의해 방해받지 않는 상태를 말한다. 어떠한 일에 완전히 몰두하거나 전념하고 있는 마음상태, 즉 이것이 정신통일의 참모습이라고 할 수 있다.

결국 정신통일이라는 것은 자기가 지금 행하고 있는 일, 또는 막 하려고 하는 일에 대해 심신이 하나가 되어 모든 주의와 에너지를 집중하는 것으로서, 이러한 상태를 요가 등에서는 '삼매三昧'라고도 말한다. 이와 같은 상태를 과학적으로는 알파파 상태라고 부른다. 사람은 알파파 상태에서 잠재뇌력潛在腦力을 발휘할 수 있다고 한다. 심신의 통일 상태, 즉 알파파 상태에 있을 때에는, 어떤 관념을 잠재의식에 주입시키는 데 대단히 효과적이다. 뇌신경과학적으로 보면, 좌선을 하는 동안 호흡이 안정적으로 유지되도록 조정되므로 대뇌전엽이 원래 가지고 있는 집중과 같은 고도의 지적

기능에 적절한 자극을 주는 역할을 한다.

'정신일도 하사불성精神一到何事不成'이라는 말이 있듯이 성공과 실패의 핵심은 바로 여기에 있다. 정신통일 상태에서 적극적인 관념을 지속적으로 잠재의식에 주입하면 마음과 육체에 변화가 일어난다. 흔히 '일은 마음먹은 대로 이루어진다'고 하나, 그저 막연히 생각한다고 해서 결코 이루어지는 것이 아니다. 그것은 정신통일 상태, 즉 알파파 상태에서 마음먹은 것만이 그 사람을 마음먹은 대로 인도하는 것이다.

바둑에서 잡념을 없애야 한다는 교훈의 뜻으로 '장고 끝에 악수 둔다'는 말이 있다. 사실 무슨 일이나 생각이 많으면 좋을 것이 없다. 수준급 선수와 아마추어 골퍼의 차이 중 하나는 어드레스 하고 나서 피니시 때까지 걸리는 시간의 차이라고 생각한다. 수준급 골퍼는 자세를 취하고 나서 샷에 들어가기까지의 시간이 짧은 반면, 아마추어 골퍼는 시간이 오래 걸린다. 이는 여러 가지를 생각하기 때문인데, 그러다 보면 압박감도 더 커지고 샷에 대한 집중력도 떨어져 결과가 나쁠 수밖에 없다.

스윙은 아무것도 생각하지 않는, 무념무상의 상태에서 하는 것이 최선이다. 몸이 본능적으로 움직이도록 두는 것이 상책이다. 너무 골똘히 생각하거나 고민하는 것은 좋지 않다. 어드레스를 하고 나면 좋은 이미지만 머릿속에 떠올리면서 곧장 스윙을 하는 것이다. 그것만으로도 집중력은 향상된다.

골프가 잘 되다가도 왜 결정적인 순간에 미스 샷이 나는 것일까? 왜 경험이 많은 프로 골퍼들도 우승을 앞둔 1미터 퍼팅에서 자주 실패하는 것일까? 그 이유를 찾으려면 골프가 생각할 시간이 많은 운동이라는 사실을 주목해야 한다. 생각할 시간이 많다는 것은 공포, 분노, 두려움, 스트레스 같은 심리적 변화가 얼마든지 샷에 영향을 끼칠 수 있다는 뜻이다.

사람이 화가 나거나 압박감을 느끼면 체내에 사람을 흥분시키는 호르몬인 아드레날린의 분비가 많아진다. 아드레날린이 분비되면 심장박동이 빨라지고 근육에 보다 많은 산소와 글루코오스를 공급하기 위해 혈관도 팽창한다. 이러한 아드레날린의 분비 증가는 정신적·육체적으로 영향을 끼친다. 정신적으로는 불안정한 상태라 모든 결정을 너무 빨리 하거나 아니면 결정 자체를 확실하게 못하게 된다. 이러한 정신적 제약은 육체의 동작을 제한시키는데, 이 경우 주의력이나 집중력 없이 스윙을 하게 되며, 타이밍도 십중팔구 급해지기 마련이다.

뛰어난 골프 선수들은 스윙 중에 아무 생각도 하지 않는다고 한다. 스포츠 심리학자들도 생각은 연습장에서나 하고 실제 필드에서는 무념무상의 상태에서 그저 공만 치는 것이 바람직하다고 말한다. 골퍼들 사이에 무념무상과 관련하여 자주 하는 말이 있다. "프로는 무념무상無念無想이요, 싱글은 일념일상一念一想이고, 초보는 다념다상多念多想이다." 우스갯소리 같지만 골프와 정신의 상관관계를 적절하게 표현한 말이라는 생각이 든다. 아직 기술이 몸에 익지 않아 자신감이 쌓이지 않아서이기도 하지만, 아직 낮은 단계에 있는 골퍼들일수록 잡념의 지배를 많이 받는다는 말일 것이다.

훌륭한 샷은 무념무상 속에서 나온다. 무념무상 속에서 샷을 해야만 훌륭한 샷을 할 수 있다. 뒤땅을 치거나 생크를 내는 등의 미스 샷을 분석해보면 '절대 뒤땅이나 생크를 내지 말아야지' 하는 생각 때문에 스윙 궤도가 흐트러지는 것이 가장 큰 원인이다. 골프는 잘해야지 하는 생각을 하면 할수록 오히려 역효과가 나타나는 경우가 많다. 무념무상의 샷이라는 것은 그저 오랫동안 연습으로 굳어진 근육의 움직임대로, 또는 자연스럽게 클럽이 만들어내는 원심력에 의해 스윙의 궤도를 이루어내는 것을 의미한다. 즉 스윙 궤도에 골퍼의 의지가 개입되지 않게, 다시 말하면 일관된 스윙 궤도로 샷을 한다는 말이다.

결론적으로, 선이나 요가 등을 통한 무념무상의 정신적 통일 상태를 유지하면서 훌륭한 샷에 대한 긍정적인 관념을 우리의 잠재의식에 주입하면 골프 실력은 크게 향상될 것이다. 궁극적으로는 골프가 한층 재미있어질 것이다.

생각과 감정 다스리기

마음을 비워야 길이 보인다

일본의 프로 골퍼 세이지는 '골프 기량 향상에 가장 중요한 것은 무심으로 공을 치는 것이다'라는 말을 한 적이 있다. 골프에서 무심無心으로 샷을 날리면 좋은 결과를 거둘 수 있다고 한다. 그 이유는 잡념이 없고 몸이 유연해져 자연스러운 샷이 나오기 때문이다.

세계 골프계에 거의 알려지지 않았던 월남전 참전용사 버드 앨린이, 1997년 아메리칸 익스프레스 인비테이셔널 시니어골프대회에서 전년도 시즌 상금 왕인 짐 콜버트를 꺾고 우승할 수 있었던 원동력은 바로 편안한 마음이었다고 한다. 당시 버드 앨린은 분명 무심타無心打를 날렸던 것이다. 그는 사실 이 대회 출전자 명단에도 없었으나 최종 엔트리 마감 직전에 기비 길버트가 출전을 포기하는 바람에 대타로 출전했던 것이다. 물론 편안한 마음 자체만으로 정상에 오를 수 없다. 하지만 선수들의 기량 차이가 거의 없는 프로의 세계에서 선수의 심리적 상태는 그 무엇보다 결정적인 요인이 된다.

세계적인 큰 대회에서 우승한 선수들의 후일담을 들어보면, '마음을 비우고, 즉 무심無心으로 경기에 임해 결과가 좋았다'는 이야기가 자주 나온다. 2000년 일본 스미토모 비자 태평양 마스터즈대회에서 우승한 이자와리 선수도 마지막 18번 홀의 티샷에서 당황하지 않고 '무심으로 샷을 해' 오히려 완벽한 샷을 날리게 되었다고 말했다.

이렇듯 무심이라는 말을 자주 듣고 쓰기도 하지만, 그 내용이 모호할 뿐만 아니라 그러한 경지에 도달하는 것이 쉬운 일은 아니다.

언젠가 선 수련에 정진 중인 한 스님에게 "무심에 이르는 길은 어떠한 것인가?"라는 질문을 한 적이 있다. 그러자 그 스님은 "무심을 알면 이미 도道를 터득한 것이지요"라고 대답했다. 이러한 대답은 선불교에서 주장하는 '무심시도無心是道'라는 개념을 빌려온 것임에 틀림없다. 즉 이것은 일상생활에서 일체의 번뇌, 망념이 없는 무심의 경지에 닿는 것으로 자신의 삶을 지혜롭게 살아가도록 하는 실천적인 가르침이라고 볼 수 있다.

누구나 '무심에 이르는 길'에 대한 질문을 받는다면 그러한 답변을 할 수밖에 없을지 모른다. 우리가 무슨 일을 하든 마음을 다스리는 일은 어려우며, 대부분 감정에 휘말리기가 쉽다. 마음이란 무엇이며, 또 어디에 있는지조차 정의하기 어렵다. 사실 평생을 마음 하나에 대해서만 공부해도 어려운 것이니까 말이다. 마음이 어디에 있는지도 무엇인지도 모르면서 어떻게 다스릴 수 있을까? 더구나 마음 다스리기, 마음 비우기로 알려져 있는 무심은 어떤 것인가?

무심이라는 것은 본래 불교에서 나온 것으로 부견不見을 의미하고 있다. 부견은 일체의 대상을 보지 않는, 즉 마음이 모든 대상화 작용을 떠난 무분별한 상태를 의미한다. 따라서 무심이라 함은 일체의 분별이 없음을 의미하는 것이다.

우리의 인식 구조는 대상을 바라보는 '나'라는 주관과 그 대상인 객관으로 되어 있다. 따라서 주관이 없으면 객관이 없고, 객관이 없으면 주관 또한 없게 되며, 우리의 인식 자체가 성립하지 않게 된다. 우리는 언제나 객관을 있는 그대로 바라보기보다는 주관이라는 나의 관념으로 객관을 이해하고 있는 것이다. 그러나 우리의 참된 인식은 주관과 객관의 분별적 사고에서 벗어나 객관을 있는 그대로 받아들일 때 비로소 얻게 된다. 그러므로 무심이라 함은 우리 안에서 일어나는 일체의 생각을 뛰어넘어 그 어떤 생각에도 집착하지 않는, 다시 말해 우리의 모든 주관적 사유를 부정하는 것을 말한다. 이처럼 불교에서 말하는 무심은 쉽게 도달하기 어려운 경지임에 틀림없다.

옛날부터 기예技藝의 도道에서는 어느 것이나 '무심으로 최고의 경지에 오른다'고 말해왔다. 학춤은 무심의 경지에서 추어야 하고, 거문고는 연주자 자신이 거문고와 일체가 되어 무심의 경지에서 연주해야 한다는 것이다. 이는 '주객

일여主客一如'라는 선禪의 세계와 일맥상통한 것이기도 하다.

일본의 택암선사澤庵禪師가 쓴 《부동지신묘록不動智神妙錄》에는 검술의 최고 경지에 이르는 길을 가르치는 내용이 있다. 여기서 택암선사는 검을 잡고 상대를 마주 대할 때 마음을 한곳, 예를 들면 상대의 눈이라든가 칼에 두지 말고 상대의 전체에 두라고 이르면서, 이러한 마음의 상태를 무심이라고 말했다. 결국 무심이라는 것은 마음이 없는 것을 말하는 것이 아니라, 마음이 한곳에 머물지 않고 전 대상에 걸쳐서 존재한다는 것이다.

1920년대에 일본 도호쿠대학의 철학과 교수로 초청된 오이겐 헤리겔 교수의 활 이야기는 유명하다. 궁도를 배우는 헤리겔에게 스승은 "활을 힘으로 당기지 말고 마음으로 당겨라", "화살을 쏘는 것이 아니라 무심의 상태에서 화살이 자연스럽게 떠날 때까지 기다려라", "무심이 되려고 노력하는 것은 무심이라고 할 수 없다"라고 지도했다. 하지만 이 말을 이해할 수 없는 헤리겔은 궁도를 그만두려고 했다. 스승은 어느 날 밤 헤리겔을 궁도장에 불러 가느다란 초 한 자루만 밝히고 표적을 향해 두 개의 화살을 발사했다. 첫 번째 화살은 표적에 적중하고, 두 번째 화살은 첫 번째 화살을 둘로 갈라놓았다. 이것을 보고 감동한 헤리겔은 궁도 수행을 계속했다고 한다. 헤리겔의 스승은 무심의 길을 말로 가르치는 것이 아니라, 수련을 통해 무심의 경지에 도달할 수 있음을 몸소 보여주었던 것이다.

어떤 분야에서든 최고의 경지는 무심을 통해 이루어진다는 것은 분명하다. 그렇다면 골프에서 무심은 무엇을 뜻하며 어떻게 무심에 다다를 수 있을까? 한 마디로 골프에서 무심은 '불안이나 욕심이 없는 상태'를 말한다. 이러한 무심이 되는 것은 마음을 비운다는 것인데, 참으로 어려운 일이다. 우리의 마음은 비웠다 싶으면 금세 다른 무엇인가로 다시 채워지고 만다. 이처럼 마음을 비우는 일이 어려운 것은 외부적 조건에 의해 내부에서 일어나는 마음의 갈등, 불안 그리고 승부욕 등 내부의 적과 싸워야 하기 때문이다.

골퍼들은 언제나 '성공적이며 멋있는 샷과 퍼팅을 해야 한다'라는 욕심에 빠지게 된다. 하지만 그러한 욕심에 집착하지 않는 것이 바로 무심에 들어가는 것이다. 즉 다른 생각들에 빠지지 않고 현재 주어진 상황에 나 자신을 젖어들게 해야 한다. 골퍼들이 샷이나 퍼팅을 하면서 하게 되는 '이래야 되는데, 저래야 되는데'와 같은 생각은 모두 산란한 마음에서 오는 것이다. 부정적인 생각과 마음가짐이 실수를 만들기도 하지만, 반대로 '잘해야지' 하는 부담감과 지나친 긴장 때문에 실제 경기에서 자신의 평소 기록에도 미치지 못하는 결과를 만들어내는 경우가 많다. 여기서 말하는 골프에서의 무심이란 바로 그러한 것들에 마음이 동요하지 않는 것이다.

필드에서 티샷을 한다고 가정해보자. 그동안 티샷을 잘해왔으면서도 막상 클럽을 잡으면 마음속에서는 '혹시 슬라이스나 훅이 나지 않을까?', '페어웨이 가운데에 가야 되는데…', '기회인데 버디를 할 수 있을까?' 등의 생각들이 계속 일어나게 된다. 바로 이러한 산란한 마음이 스트레스로 남게 되고, 그러다 보면 마음의 평정은 여지없이 깨어지고 만다. 어쨌든 골프를 칠 때 '끝까지 머리를 들지 말고, 결코 공을 때리려 하지 말고, 그냥 부드럽게 클럽을 끌어내려 내던진다는 느낌으로 쳐야 한다'는 등의 복잡하기 이를 데 없는 숙지 사항들을 강박적으로 되새기다 보면 샷은 엉망이 될 수밖에 없으므로 온갖 생각을 순간적으로 끊어버려야 한다.

때때로 골퍼들은 자신의 실력 이상으로 너무 잘하려는 마음 때문에 자신에 대해 실망하곤 하는데, 그것은 집착이며, 과욕이다. 무심으로 마음을 비우는 일은 욕심을 버리는 것이다. 미스 샷을 했을 때조차 '뭐 그럴 수도 있지', '뭐, 내 실력이 그 정도인걸'이라는 너그러운 마음으로 자기 자신을 인정하고, 있는 그대로 받아들여야 할 것이다. 특히 큰 실수를 했을 때일수록 더욱 겸허하게 받아들여야 한다. 한편으로는 상대방의 말 한 마디나 행동, 혹은 자연조건들에 의해서도 마음의 동요가 있을 수 있는데, 이 또한 흘려보내야 한다.

모든 감정을 마음에 담지 않고 아무런 걸림 없이 그저 흘려보내야 한다. 무심이란 모든 것을 긍정적으로 인식하면서 그 어떤 생각도 하지 않는 것이라는 점을 분명히 해야 한다. 그러나 흐리멍덩하게 있는 것은 무심이 아니다. 정신없는 사람처럼 멍하게 있는 것은 무심이 아니라 혼미昏迷이다.

너의 정신에 최면을 걸어라

골퍼들은 대부분 14, 15홀까지는 경기를 잘해나가다가 마지막 3, 4홀에서 무너지는 경험을 자주 한다. 세계적인 토너먼트에 출전하는 일류 선수들조차도 한두 홀에서 어처구니없는 실수로 우승을 빼앗기는 경우가 많다. 날씨나 코스 등 외부의 환경조건뿐만 아니라 자신의 스윙이나 스트로크도 그대로인데 왜 그랬을까? 이는 분명 골퍼가 스스로의 마음을 통제하지 못했기 때문이다. 그러한 이유로 골프에서는 멘탈 측면이 강조되고 이를 위한 여러 가지 트레이닝 프로그램이 도입되고 있다.

최근에는 보다 흥미 있는 최면요법이 등장해 골프 경기의 수행력을 향상시키는 데 도움이 되고 있다. 최면요법은 말 그대로 최면에 의한 심리요법으로 골프에서 오는 정신적 리스크를 치유하는 효과가 있다.

최면에 대한 구체적인 효과는 아직 명확하게 밝혀지지 않았지만, 근래에는 전문 의료계 종사자들 사이에서도 신체 또는 정신적 질병 모두에서 치료 효과가 크다는 인식이 확산되고 있다.

스포츠 분야에서도 최면요법은 신체적·정신적 이완과 집중력 향상을 위한 수단으로 널리 보급되고 있다. 최면 상태에서는 명상할 때와 마찬가지로 우뇌가 더 활발하게 움직여 내적인 자각이나 수용성, 평온함 등의 감각을 발달시키므로 스포츠의 최상 수행에 좋은 영향을 미친다고 한다.

1994년 릴레함메르 동계올림픽에서 러시아 피겨스케이팅팀은 연습경기에서 실수를 많이 했다. 심지어 여자 파트너는 넘어지기까지 했다. 당시 경기 해설자는 이 장면을 보고, 러시아팀이 강력한 우승 후보이지만 이번에는 우승하기가 어렵겠다고 전망했다. 하지만 본 경기에서 러시아팀은 예상외의 성적을 거둬 금메달을 차지했다. 우승 요인을 묻는 인터뷰에서 러시아팀의 코치는 선수들에게 최면요법을 사용해 경기를 훌륭하게 치를 수 있었다고 말했다. 코치는 최면요법으로 여자 선수가 연습시의 실수를 잊고 자신감을 되찾을 수 있도록 한 것이다. 이처럼 러시아를 비롯한 루마니아, 불가리아 등의 동유럽 국가에서는 일찍이 올림픽 선수들의 트레이닝에 최면요법을 사용해왔다.

스포츠에서는 최면요법의 놀라운 효과를 자주 찾아볼 수 있다. 산호세 주립대 교수인 도로시 예이츠Dorothy Yeats는 미국 최초로 권투 선수를 대상으로 최면요법을 적용한 결과, 선수의 기량이 크게 향상되었다고 발표했다. 권투 선수 잉그마르 요한슨은 세계 헤비급 타이틀을 획득할 때 최면요법 훈련을 받았다고 한다. 또한 스위스의 치과의사이자 운동선수를 위한 최면훈련의 개척자로 알려진 레이몬드 아브레졸 박사는 성적이 부진했던 스위스 스키팀의 훈련을 맡아 1968년에 3명을 메달권에 진입시켰으며, 1972년 삿포로 동계올림픽에서는 더 좋은 성적을 거둔 바 있다. 최근 미국에서도 스포츠팀의 훈련에 최면요법을 많이 도입하고 있다. 이와 같이 여러 분야의 스포츠에 최면요법이 적용되고 있으나 골프에서 최면요법을 사용하고 있다는 공식적인 발표는 찾기 어렵다.

미국의 셰퍼드 Bee Epstein-Shepherd 박사의 말에 의하면 많은 골프 선수들이 최면요법을 사용하고 있으면서도 알려지지 않은 이유는, 그러한 사실이 다른 사람에게 밝혀지는 것을 꺼리기 때문이라고 한다. 사이프러스 포인트 클럽의 헤드프로인 짐 랭글리는 30여 년 전부터 최면요법을 사용해왔다. 스파이글래스 힐의 헤드프로인 라이드 스몰은 권투 선수인 무하마드 알리가 최면요법을 사용한다는 사실을 알고 관심을 가지게 되었다고 한다. 타이거 우즈는 멘탈 코치인 제이 브룬자 박사에게서 최면훈련을 받는다고 알려져 있다.

우리의 사고 과정을 살펴보면, 오늘 우리가 생각하고 있는 것의 90%는 어제의 것과 같다고 한다. 골프에서 어이없이 실수를 하는 경우도 알고 보면 과거의 부정적인 생각과 기분에 지배당하고 있는 것이다. 이것이 바로 과거의 동일한 패턴이 계속적으로 나타나는 이유이다. 부정적인 과거와의 단절은 매우 중요하다. 오웬스와 벙커는 1989년 〈골프 성공을 위한 단계〉라는 연구결과를 통해, '부드럽게'라고 말하고 경기를 시작한 골퍼들은 더 부드럽고 더 잘 조절되는 스윙을 한다고 주장하면서 자기암시의 중요성을 강조했다. 다시 말해, 굳이 최면요법을 쓰지 않더라도 긍정적인 자기암시를 통해 신체의 긴장을 이완시키고 집중력을 향상시킨다면 골프의 기량을 높일 수 있는 것이다.

한 가지 중요한 사실은 항상 '현재의 상태'에 주목하라는 것이다. 현재가 가장 중요하기 때문에 지나간 실수에 의해 현재가 지장을 받아서는 안 되는 것이다. 미래는 통제되지 않으며 과거는 지워지거나 교체될 수 없다. 미래를 걱정하거나 과거에 매여 있기보다는 현재에 충실해서 새로운 마음가짐으로 집중하는 것이 최상의 골프 실력을 키우는 비결이다.

최면요법은 그러한 지나간 실수에 대한 정신적 산만을 제거하고 현재만 바라볼 수 있게 도와준다. 골퍼 스스로가 이미 저지른 실수를 두고 '만일 마지막 퍼트를 성공시킬 수 있었다면…'과 같은 후회로 과거의 생각에 사로잡히거나, 또는 '다음 홀에서 버디를 해야 하는데…'와 같은 마음의 부담을 갖는다면 현재의 샷을 실행하는 데 어려움이 생긴다. 생각이 분산된다는 것은 그만큼 마이너스 요소를 가져오게 한다. 모든 생각을 접고 현재 벌어지고 있는 상황에 긍정적 암시를 통해 생각을 집중시키는 것이 정확한 샷을 할 수 있는 최상의 방법이다.

UCLA의 연구결과에 따르면 보통 사람들은 뇌능력의 2% 정도만 겨우 사용하고 있으며, 나머지 98%는 잠재의식 속에 잠겨 있다고 한다. 만일 자신의 잠재의식이 어떻게 작용하는지를 알게 된다면 나머지 98%에 접근할 수 있을 것이다. 이러한 잠재의식은 마음의 한 부분으로 호흡·맥박 그리고 다른 내부기능을 조절할 뿐만 아니라 신체적으로 일어나는 움직임도 조절하고 있다. 잠재의식을 활용하면 골프에서 스윙도 조절할 수 있지만 집중력과 신체적·정신적 이완을 얻을 수 있어 매우 좋다. 뿐만 아니라 자기암시를 통해 잠재의식과 커뮤니케이션을 잘만 하면 성공적인 골프 경기를 수행할 수 있는 새로운 길을 찾을 수 있다.

마음의 상을 그려라

심상心象은 바로 우리 마음의 외형적인 형상물이다. 여러 문헌을 고찰해보면 심상은 기원전 그리스 시대부터 이미 우리 마음의 어려움과 문제점을 해결하는 방법으로 사용되어왔다. 그러나 우리의 이성만으로 심상현상의 본질을 규명하고 이해하는 데 많은 어려움과 제약이 따르기 때문에 심상의 본질적 기능을 구체적으로 설명하기는 힘들다.

하지만 우리가 인정하든 인정치 않든 간에, 심상은 모든 심리치료의 중추적 매개요인으로 활용되고 있으며, 스포츠 분야에서는 경기력을 증강시킬 수 있는 심리기술로 최근 스포츠 심리학자들에 의해 자주 거론되고 있다.

우리는 여러 활동을 통해 머릿속에 담은 경험 이미지들을 이용하여 심상훈련을 할 수 있다. 아마 골프를 하는 많은 사람들이 유명한 프로 골퍼들의 스윙을 유심히 지켜보고 스윙 동작을 따라 해보려고 했을 것이다. 이것이 바로 심상훈련이다. 심상은 기억을 바탕으로 마음속에 외적인 사건들을 재구성하며, 그것을 내적으로 경험한다. 또한 심상은 새로운 경험을 창조하는 데도 이용할 수 있다. 비록 심상이 일종의 기억의 산물이라 해도 우리의 뇌 조직은 여러 가지 기억들을 각기 다른 방법으로 결합시켜놓을 수 있다. 골퍼들 자신이 프로그래머가 되어 자신이 선택하는 골프 기억들을 통해 심상을 훌륭하게 구축할 수 있게 된다는 말이다.

심상은 자신이 수행할 동작을 미리 머릿속에 떠올리는 작업이다. 모범이 되는 다른 골퍼들의 동작을 머릿속에 그리기도 하고, 스스로 어떤 동작을 해서 어떤 결과를 만들어낼 것인가에 대해 시뮬레이션을 해보는 작업이라고 할 수 있다. 클럽을 손에 쥐는 순간부터 스윙 동작을 어떻게 할 것인지, 홀 인을 하기 위해서 어떤 지점으로 먼저 공을 보내야 하는지 목표 지점을 그려보는 것이다. 이때, 자신의 기술이나 경기장의 상황, 주변 여건 등은 고려하지 않는다. 오로지 자신의 중심에 집중하여 어떻게 공을 쳐낼 것인가만 그려보면 된다.

스포츠 심리학자 마르텐스Martens 박사는 1970년대부터 1982년에 걸쳐 운동과 중추적 행동에 관련된 연구를 통해 심상은 경기력을 증강시키는 효과적인 기술이라고 지적한 바 있다. 그는 실제로 1984년 올림픽에 출전한 235명의 캐나다 선수들 중 99%가 심상훈련을 사용했다고 밝혔다. 이들 캐나다 선수들은 훈련 기간 동안 체계적인 심상훈련을 적어도 하루에 1번, 또는 일주일에 4번, 12분 정도씩 실시한 것으로 알려졌다. 한 코치는 선수들을 대상으로 한 여러 정신훈련 중에서 심상훈련이 가장 효과가 컸다고 밝혔다.

잭 니클로스는 샷을 하기 전에 마음속으로 스윙을 하고 날아가는 공을 그려본다고 한다. 스윙 동작을 하기 전에 잠시 목표 지역에 있는 착지점을 바라보고 그곳으로 날아갈 공의 행로와 자신이 완벽한 스윙을 하는 모습을 그려보면서 마음을 다스린다고 한다. 확실히 잭 니클로스는 풍부한 신체적인 재능과 노련한 집중력으로 기술을 구사하기 때문에 늘 상위권을 고수할 수 있었겠지만, 이러한 체계적인 심상훈련도 그가 성공할 수 있었던 핵심 요소 중 하나였을 것이다.

골프에서 심상이란 한 마디로 골프 경기를 얼마나 잘할 수 있는지를 결정하는 중요한 이미지이다. 머릿속에 떠올리는 생각 자체는 골퍼 스스로가 만든 것이므로, 그에 대한 책임 역시 본인에게 있다. 어떤 골퍼들은 훌륭한 심상을 하지만, 어떤 골퍼는 단 하나의 상象도 떠올리지 못하는 경우가 많다. 훌륭한 심상이란, 첫째로 상이 매우 선명하고 세밀하며 실제 경험과 똑같이 재생할 수 있어야 하고, 둘째로 원하는 상이 만들어지도록 상을 조절하고 통제할 수 있어야 한다.

골퍼라면 누구나 좋은 기록을 원한다. 그러기 위해서 여러 방법을 모색하겠지만, 심상훈련을 해보기를 권한다. 왜냐하면 심상은 경기력을 강화할 수 있기 때문이다. 심상훈련을 하기 위한 간단한 방법을 소개하면 다음과 같다.

먼저 조용한 장소에서 편안한 자세로 몸과 마음을 완전하게 이완한다. 그리고 골프 코스의 여러 가지 상황적인 장면을 선택하고 그 장면을 점점 구체화시킨다. 이어서 스윙 장면이나 퍼팅 장면 등을 심상한다. 자신이 성공적으로 수행하고 있음을 느끼고 시각화한다. 예를 들어 퍼팅을 심상한다면, 먼저 그린을 여러 각도에서 보면서 경사나 브레이크를 살피고, 퍼터를 쥐고 있는 것을 느끼며, 다음에 어깨, 팔 그리고 손이 일체로 움직이는 것을 느껴보는 것이다. 그러고 나서 자신이 친 공이 홀 컵에 빨려 들어가는 장면을 머릿속에 그려보라. 동일한 심상을 몇 차례 반복하면 효과가 더욱 좋다. 이때 부정적인 결과는 결코 생각하지 않아야 한다.

조용히 마음을 관찰하라

몇 년 전 방영된 드라마 〈태조 왕건〉에 관심법에 대한 궁예의 독백이 나온다.

"관심법이라… 도를 깨닫고 일정한 경지에 이르면 참 나를 돌아볼 수 있다…. 나를 돌아본다고? 나를 보고 상대를 본다…? 그렇다면 이 경지를 넘어서면 나뿐만 아니라 삼라만상을 다 볼 수 있는 것이 아닌가!"

사실 관심법觀心法이란 자신의 마음을 본다는 것으로, 여기서 관觀은 단지 본다는 것을 넘어 주시이며 통찰을 뜻한다. 과학자들이 사물을 관찰하는 데서 사물의 법칙을 알아내듯 관심법은 자신의 마음을 관찰해서 참다운 자기를 깨닫는 방법으로 사용해왔다. 일찍이 석가모니는 "비구들아, 열반에 드는 데에는 오직 한 가지 방법이 있나니, 곧 올바른 관찰의 네 가지 형태인 사념처四念處가 그것이니라" 했다. 사념처는 신념처身念處・수념처受念處・심념처心念處・법념처法念處를 가리키며, 불교에서 깨달음을 얻고 지혜를 얻기 위한 네 가지 수행 방법을 말한다. 그중에서 비구들은 사념처 중의 하나인 심념처, 즉 관심법으로 마음의 활동을 관찰함으로써 탐욕을 극복해왔다.

실제로 관심법에서는 어떻게 마음을 관찰할 것인가 하는 방법을 알아야 하고, 그 방법으로 스스로가 수련하면서 체험하고 체득하는 실천적인 경험이 중요하다. 지금까지 알려진 방법으로는 첫째, 일체의 의도가 없어야 하고 둘째, 마음을 일으키고 만드는 일체의 마음이 그친 상태에서 마음을 느끼고 관찰하면서 알아차려야 하며 셋째, 마음에서 일어나는 현상들을 있는 그대로 느끼고 바라보면서 이러한 현상에 달라붙는 생각이나 과거의 기억이 붙어 있으면 단호히 버리는 일이다.

관심법은 모든 것으로부터 자신을 따로 떼어놓는 유일한 길이다. 만일 당신이 산을 보고 있다면, 당신은 산이 아니고 그 산을 보는 사람이다. 당신이 꽃들을 쳐다보고 있다면, 당신은 그 꽃이 아니라 꽃을 쳐다보는 사람이라는 사실 하나는 확실하다. 조용히 자신의 마음을 관찰하라. 타인이 당신의 마음을 들여다보는 것처럼 객관적으로 들여다보라. 아무것도 하지 말고 그저 마음이 하는 활동 하나하나를 있는 그대로 관찰하라. 당신은 그 어떤 것도 하지 않아도 된다. 일체의 비판이나 감정을 배제하고 천천히 관찰만 한다면 서서히 생각이 사라져 마음은 비워지게 된다. 그래서 당신은 점점 더 깨어 있게 되고 점점 더 지각하게 된다.

우리가 골프를 치기 위해 필드에 나가는 경우를 한번 생각해보자. 그린의 상태, 날씨, 컨디션 등 객관적인 조건이 좋더라도 라운드 중에 부정적인 생각이 마음에 들어와서 샷이 잘못되는 경우가 많다. 이는 자신의 마음 변화를 잘 관찰하지 못하고 다스리지 못했기 때문이다.

골프 관심법의 본질은 코스에 있는 거의 매순간 마음 상태를 유심히 살피는 것이다. 특히 부정적인 생각의 영향으로 나쁜 샷을 했을 경우를 면밀히 살펴야 한다. 실수에 얽매이는 것이 아니라 실수 자체를 인정하고 관찰하라는 것이다. 부정적인 생각은 가장 극복하기 어려운 것이기 때문에 반드시 관찰해야 한다. 불안, 초조, 망설임 등의 부정적인 생각을 알아차리는 것이 골프 관심법의 첫 번째 단계이면서도 가장 어려운 일이다. 왜냐하면 라운드에서 나쁜 샷이 되지 않을까 하는 부정적 생각은 습관적으로 떠올릴 수 있기 때문에 스스로 알아차리기가 쉽지 않다. 이러한 부정적 생각은 단지 생각의 형태로만 나타나지는 않는다. 일상에서 사용하는 언어 습관에서도 나타난다. 예를 들면 'OB가 날 것 같은데…'라든지, '물에 빠질 것 같은데…'라고 무심코 던지는 말 속에 부정적인 생각이 자리 잡고 있는 것이다.

자신의 마음은 그렇지 않은데, 같이 플레이 하는 사람들에게 쑥스러워서 의례적으로 하는 말에서도 부정적인 생각이 싹틀 수 있으므로 경계해야 한다.

두 번째 단계는 이러한 부정적인 생각들을 제거하는 것으로, 부정적인 생각을 찬찬히 관찰함으로써 사라지게 하는 것이다. 첫 홀, 첫 티샷을 하는 경우를 한번 생각해보자. 처음이라는 상황은 어떤 일이든 누구에게나 두렵고 부담스러울 수밖에 없다. 골프에서는 특히 첫 홀, 첫 번째 티샷의 성패가 그날의 플레이에 큰 영향을 미치기 때문이다. 그렇기 때문에 잘 쳐야겠다는 마음이 커져서 더욱 긴장하게 된다. 이러한 긴장은 긍정적인 측면도 크지만, 또 다른 긴장을 낳아 부정적인 영향을 미칠 우려가 크다. 바로 마음의 긴장이 신체의 긴장으로 이어져 스윙 동작을 잘 연마했더라도 부드러운 샷을 할 수 없게 되는 것이다. 결과적으로 첫 번째 티샷에서 훅이나 슬라이스를 내게 되고, 이것을 바로잡으려면 다음의 2, 3홀은 망쳐버릴 각오를 해야 한다.

그렇다면 첫 티샷의 불안을 어떻게 없앨 수 있을까? 먼저 숨을 깊이 들이마시고 천천히 토함으로써 호흡의 안정을 찾고, 잠시 마음의 상태를 조용히 관찰하고 있으면 된다. 마음의 상태를 있는 그대로 관찰하는 순간, 불안감은 사라지게 된다. 구태여 '긴장을 하지 말아야지', 혹은 '불안해 하지 말아야지' 하면서 애써서 마인드 컨트롤을 할 필요가 없다.

다음에 소개하는 방법은 내가 골프 라운드에서 사용하는 나만의 방법이기도 하다. 골프 라운드 중에 불안을 느낄 때 '불안함, 불안함, 불안함'이라고 속으로 되뇌며 마음속에 이는 불안함을 관찰하고 인식하는 방법이다. 긴장감을 느낄 때는 '긴장됨, 긴장됨, 긴장됨'이라고 되뇐다. 바로 마음속에 드는 감정의 상태에 이름을 붙여 관찰, 인식하고 다스리는 방법이다. 이처럼 자기 마음에 드는 부정적인 생각에 이름을 붙여 정체를 명확하게 하면 불안이나 긴장이 확대되기 전에, 다시 말해 감정의 노예가 되기 전에 마음의 평정을 찾을 수 있다. 마음을 관찰할 때 현상에 대한 일념, 집중이 되지 못하고 이런저런 생각들로 방황할 때는 '망상, 망상, 망상' 혹은 '방황, 방황, 방황'이라고 이름을 붙여 객관적으로 관찰하고 인식하도록 해보라. 이때 매우 예리하게 주의력을 기울여 확실하게 관찰한다면 망상이 일어났다가 사라지는 모습을 정확히 볼 수 있게 된다. 또한 어떠한 망상이라도 절대로 오래 지속되지 않는다는 사실을 깨달을 수 있을 것이다.

이러한 방법은 누구나 사용할 수 있다. 누구나 골프를 할 때 관심법을 활용하면 큰 성과를 거둘 수 있을 것이며, 이는 체험한 만큼 얻을 수 있는 큰 이익이다. 라운드 중에 마음의 현상을 관찰함으로써 마음속에서 일어나고 사라지는 현상을 바르게 이해하고, 이에 마음을 집중시키면 마음은 자연히 모든 불안에서 멀어지게 되는 것이다. 오직 관찰하는 순수한 마음, 청정한 마음의 상태에 이르게 된다. 즉 관심법을 활용하면 깨끗한 마음 상태에서 훌륭한 골프가 가능하다는 뜻이다.

흔들리지 않는 마음이 힘이 있다

'심신부동 제일정진心身不動第一精進'이라는 선구禪句가 있다. 이 말은 직역하면 몸과 마음이 움직이지 않는 상태가 최상의 정진이라는 뜻이다. 사실 무슨 일을 하더라도 마음이 흔들리면 좋은 결과를 얻을 수 없다.

데이비드 듀발이 2001년 시즌 3번째 메이저대회인 브리티시오픈 4라운드에서 버디 5개, 보기 1개로 최종합계 10언더파 274타로 우승했다. 듀발은 "상상도 못했던 순간이 내 눈앞에 펼쳐졌다"고 소감을 밝히면서 "사실 압박감이 너무 컸는데 극복해내서 천만다행"이라고 소회를 밝혔다. 천만다행이라는 말에서 그가 경기에 얼마나 큰 부담을 느꼈는지 짐작할 만하다.

듀발의 우승 소식을 일본의 산스포닷컴 sanspo.com은 "듀발, 부동심不動心으로 메이저 타이틀에 도달到達하다"라는 제목으로 전했다. 듀발은 압박감이 있는 후반의 14, 15번 홀에서 깊은 러프에 빠져 최대 위기를 맞았으나 흔들림 없는 샷으로 파를 세이브 하여 위기를 넘겼다. 그는 뒷심 부족으로 결국은 무너질 것이라는 혹평에 시달리기도 했으나, 어떤 위기에도 흔들리지 않는 안정된 샷을 구사해 결국은 우승을 차지했다. 여기에서 우리는 듀발의 부동심을 볼 수 있다.

부동심이란 한 마디로 흔들리지 않는 마음이며, 한편으로는 차분하면서도 다부진 마음이다. 남이 하는 말이나 태도에 따라서 자신의 감정이 달라져서는 안 된다. 주변의 환경이나 조건이 변한다고 해서 마음 상태에 변화가 일어나서도 안 된다. 상황이 좋을 때는 누구나 마음을 고요하게 가질 수 있으나, 위기 상황을 만났을 때 마음을 고요히 간직하기는 어렵다.

골프에서 고도의 훈련을 쌓아 기술을 잘 갖추어도 실제로 경기에 임했을 때 좋은 결과를 얻지 못하게 되는 경우가 많다. 이것은 마음을 다스리는 능력이 뒷받침해주지 못했기 때문이다. 특히 상황이 나쁘면 마음이 안정되지 못해 큰 실수를 하는 경우가 많다. 그러므로 어떠한 상황에 부닥쳐도 흔들림 없는 마음을 가지려면 무엇보다 상황에 의지하지 않을 수 있도록 도와주는 심신의 수련이 필요하다.

우리는 부동의 마음, 즉 부동심을 가지는 수련을 통해 훌륭한 골프를 할 수 있다. 그러면 부동심은 어떻게 길러야 하는가?《채근담》에 "바쁠 때 성정을 어지럽히지 않으려면(忙處不亂性) 모름지기 한가한 때에 심신을 맑게 길러야 하며(須閑處心神兩得淸), 죽을 때 마음이 흔들리지 않으려면(死時不

動心) 살아 있을 때에 사물의 참모습을 꿰뚫어 알아야 한다(須生時事物看得破)"라는 말이 있다. 사실 우리가 어떠한 위기 상황에도 부동의 마음으로 훌륭한 샷을 하기 바란다면 평소에 몸과 마음을 수양하고, 골프의 모든 것을 충분히 이해하고 있어야 한다.

특히 몸과 마음의 수양은 기질氣質의 수양과 심성心性의 수양을 말하는 것으로, 이는 동시에 이루어져야 하는 것이다. 예를 들면 무인이 전쟁터에서 마음을 단련해 부동심이 되는 것은 밖으로 기질을 단련한 것이요, 수도자가 득도를 방해하는 마군魔軍의 항복을 받아 모든 경계警戒에 부동심이 되는 것은 안으로 심성을 단련한 것이다. 군인이 비록 밖으로 기질을 단련했더라도 안으로 심성을 연마하지 못하면 완전하지 못하고, 또한 수도자가 안으로 심성을 연마했으나 실제 경계에 단련해 기질이 수양되지 못하면 완전한 것이 되지 못한다.

골프에서는 몸과 마음의 수양을 통해 부동의 마음을 가져야 한다. 마음이 안정되지 못하면 운에 맡기라는 말이 있을 정도로 심리적 안정 상태가 크게 요구된다. 하지만 한 가지 짚고 넘어가야 할 것은 심리적 안정 상태인 부동심은 마음이 움직이지 아니하고 조용히 멎은 정지靜止한 상태를 말하는 것이지, 정지를 뜻하지 않음을 알아야 한다. 정지靜止는 무한의 움직임을 내포하고 있으며 무한의 힘도 가지나, 정지停止는 단지 멈추어 있을 뿐으로 무력하다.

마음을 닦아
새로운 밭을 만들기

자신의 마음을 진단하라

대부분 골퍼들은 실수나 실패의 원인이나 처방을 단지 기술적 측면으로만 규명하고 해결해보려는 경향이 있었다. 그러나 상당 부분의 실수가 심리적 문제와 관련이 있으므로 보다 훌륭한 골프를 위해서는 스스로 자신을 심리진단 할 필요가 있다.

골프의 기량을 향상시키기 위해서는 스윙 기술을 진단하는 하드웨어적인 체크도 중요하지만, 개인의 심리적 특성과 변화를 체크하는 소프트웨어적인 자기진단이 무엇보다 더 필요하다. 사실 골프에서는 신체적 능력보다 집중력, 지구력(끈기), 감정 통제력 등의 정신적 능력이 경기력을 좌우하는 경우가 많다.

골프 게임에서는 여러 가지 원인으로 많은 실수를 하게 된다. 연습장에서 잘 되던 스윙이 막상 라운드에 들어서면 엉망이 되는 경우도 많다. 혼자서 하는 게임이 아니기에 어떤 사람과 같이 플레이 하는가에 따라 경기가 잘 되기도 하고 어처구니없는 실수를 하기도 한다. 스타트 홀의 티잉 그라운드에 섰을 때, '첫 번째 샷을 실패하면 오늘의 골프는 엉망이 될 텐데…'라고 걱정하거나, '나보다 늦게 시작한 사람이 저렇게 잘하는데, 내가 이번에 못 치면 비웃겠지?'라고 부담감을 느낀 적이 있을 것이다.

하지만 그런 생각은 빨리 떨쳐버려야 한다. 여러 사람이 게임을 하는 경우라도, 클럽을 잡고 스윙을 하는 순간에는 자신과 공과 홀 컵만 생각하면 된다. 불필요한 생각은 머릿속을 어지럽히고 결국은 몸을 딱딱하게 긴장시키므로, 미스 샷은 당연하다고 볼 수 있다. 특히 최초의 미스 샷으로 마음이 동요되어 다음 샷까지 연속해서 실수한 날은 꿈속에서도 '첫 실수만 없었으면…', '연습장에서는 잘 되는데 왜 그런 거지…' 하고 아쉬워한다. 이러한 심리 상태에 따른 실수는 첫 티샷으로만 그치지 않고 숏 게임, 퍼팅 등 라운드 중에 자주 발생한다.

이러한 일을 극복하려면 어떻게 하면 좋을까? 연습량을 더 늘려야 하는 것일까? 스윙 자세를 교정해야 할까? 더 좋은 클럽을 찾아야 할까? 물론 여러 면을 점검해보는 것도 좋은 방법이지만, 그것만으로 실수를 줄이기는 여전히 어렵다.

실수는 기술이 아닌 심리적인 원인이 더 크다. 바꾸어 말하면 잘못된 사고나 행동패턴, 잘못된 연습방법 등 심리와 관련된 문제를 해결해야 한다는 것이다. 여기서 필요한 것이 심리적인 면의 재검토 내지 개선이다.

그런데 심리적인 요인이 더 크기 때문에 간단히 마음을 다잡으면 될 것 같지만, 쉬운 일은 아니다. 실제로 어떠한 일부터 시작하는 것이 좋을까?

자신의 내면을 들여다보고 자신의 성격을 정확하게 파악하는 작업도 필요하다. 소심한 성격인지 대담한 성격인지,

스트레스가 생겼을 때는 어떤 식으로 해결하는지, 평소 자신의 생각이 긍정적인지 비관적인지 등, 자신의 성격을 객관적으로 명확하게 파악하면 개선점이 보일 것이다. 이때 주의할 것은, 자신의 내면을 객관적이고 정직하게 들여다봐야 한다는 점이다. 최상의 해법은 항상 정확한 문제 파악에서 나온다.

그 다음에 냉철한 자기분석에 따라 골프에서 드러나는 자신의 약점을 파악해야 한다. 사람의 성격이 각자 다르듯이 골프 게임에서 나타나는 심리적 약점도 서로 다르다. 집중력이 없는지, 부정적인 생각을 하는지 혹은 근성이 부족한지는 각자가 돌아보아야 한다. 보다 구체적으로 자신의 심리를 체크하면 골프 게임에 있어서 자신의 장점, 단점이 무엇이며 문제점이 무엇인지 어느 정도 분명해진다. 그리고 해결 방법은 그것을 개선해나가는 것이다. 한꺼번에 해결할 수는 없겠지만, 차근차근 자신의 문제점을 개선해나가는 가운데 해결의 실마리를 발견할 수 있을 것이다. 그러므로 강조하고 싶은 것은, 문제 해결의 첫 단계는 우선 자신을 아는 일이라는 것이다.

명상으로 긴장을 풀어라

우리는 언제나 무엇인가 되려고 한다. 현재의 상태에 머물면 낙오할 수밖에 없다고 강요하는 변화지향적인 사회 분위기도 영향을 미치지만, 인간은 근본적으로 현재의 자신에게 만족하지 못한다. 현재보다 더 나은 미래를 꿈꾸며 앞날을 계획하고, 미래를 위해 현재를 감내해내기도 한다. 이러한 가운데 사람들은 끊임없이 긴장하게 된다.

골퍼들도 더 나은 자신을 원한다. 스코어를 줄여서 싱글이 되고 싶은 마음, 필드에서 멋진 샷으로 사람들에게 찬사를 받고 싶은 마음 등, 각자 꿈꾸는 수준은 다르지만 항상 더 나은 자신의 모습을 원하게 된다. 그러므로 마음은 언제나 '되고자(becoming)' 하는 상태에 있게 된다. 이러한 되고 싶은 마음은 경기를 하는 동안에 계속 긴장으로 이어지게 된다. 예를 들면, '오늘은 베스트 스코어를 기록해야지', 혹은 퍼팅 그린에 올라가서는 '원 퍼팅으로 끝내야지' 하는 등 수없이 되고 싶은 상을 그리게 된다. 그래서 골퍼는 언제나 긴장 상태에 있게 되는데, 이러한 정신적·육체적 긴장은 명상을 통해 이완될 수 있다.

　골퍼들에게 골프를 잘하기 위해 명상을 해보았느냐고 물으면, 대부분 "명상이 직접적으로 효과가 있을까?" "골프는 그저 치면 되는 운동인데, 명상이 왜 필요하지?"라고 반문할 것이다. 명상은 골프에 큰 도움이 된다. 최근 부진의 늪에서 빠져나와 2008년 8월 국내 대회에서 우승한 강욱순 선수는 5년 전에 명상을 시작하였다고 말했다.

　사실 명상은 인도의 요가에서 정신수련의 방편으로 사용되어왔으며, 정신적·종교적 영역의 것으로 도외시되어온 경향이 없지 않다. 그러나 최근에 명상수련의 여러 가지 효과가 과학적으로 입증되면서 의학 분야에서도 환자에게 적용하여 좋은 성과를 거두고 있다. 명상이란 깨달음에 이르는 길이라는 말도 있다. 그래서 명상은 어떤 상황에서나 우리를 가장 안정시켜주는 방법으로 사용할 수 있다.

　일본의 도쿄대학 카사마츠笠松 교수에 의하면 명상 중에는 알파파의 뇌파가 나타난다고 한다. '알파파'는 마음이 안정될 때 생기는 뇌파이다. 30분 동안의 명상은 2시간 동안 그 효과가 지속되는데, 열등감·초조·노여움·원한·불만

등이 제거되고 긴장이 이완되며 분별력·안정력·집중력 등이 높아진다고 한다. 특히 최근에는 서양의학 분야에서도 명상에 대한 많은 연구가 이루어지고 있다. 미국 하버드 메디컬스쿨의 허버트 벤슨 Herbert Benson 박사는 여러 가지 연구를 통해, 규칙적으로 명상수련을 하면 과도한 긴장 상태에 있는 환자의 혈압이 내려가고 불규칙한 심장의 박동주기가 감소하며, 정신적으로 편안해지고 근육의 긴장도 크게 이완된다고 했다. 의학박사인 딘 오니쉬 Dean Ornish는 명상을 하면 산소 소모량이 10~20% 감소해 심장활동에 도움을 준다고 적극적으로 명상을 권장하고 있다.

이러한 명상 효과는 스포츠 트레이닝 분야에서도 상당한 효과를 거두어 세인의 관심을 모으고 있다. 로스앤젤레스 올림픽에서 일본 체조 선수인 구시켄 선수가 실제 경기에 들어가기 전, 막간을 이용하여 무언가를 중얼거리고 있는 모습이 중계 카메라에 잡힌 적이 있었다. 다음날 신문에서는 구시켄 선수가 명상법을 사용하고 있으며, 경기 전에 꼭 명상을 한다고 보도했다.

인도의 유명한 요가 수행자인 마하리쉬 마헤시가 창안한

초월 명상법(Transcendental Meditation : TM)은 스포츠 트레이닝, 특히 골프 선수들의 트레이닝에 도입되고 있다. 특히 미국에서는 많은 일류 선수들이 이 요법을 자신의 프로그램에 도입하고 있다고 한다.

이러한 연구결과에 나타나 있는 자료를 종합해보면, 명상을 계속하는 사람은 심신에 큰 변화가 일어난다고 하는데, 골퍼들도 바로 이러한 명상을 통해 긴장을 이완하고 집중력을 향상시킬 수 있다는 것이다.

최고의 결과를 얻기 원하는 골퍼들에게 명상하는 방법을 간단하게 소개하면 이렇다. 즐겁고 재미있는 골프를 치기 위해 처음 티샷을 하기 전에 15분 내지 30분간 명상을 하기를 권한다.

먼저 최소 10분간 명상을 하도록 한다. 갑자기 방해를 받을 만한 장소가 아니라면 어떠한 곳이라도 관계가 없으니 조용한 곳을 찾는다. 굳이 실내일 필요는 없다. 차 안이라도 좋다. 주위의 방해를 받지 않고 조용히 눈을 감고 명상만 할 수 있다면 라커룸도 상관없다.

명상을 할 때 생각을 집중시키기 위해서 다양한 주문들을 권하기도 하지만, 굳이 특정한 주문을 사용할 필요는 없다. '평안', '고요함', '천천히' 등 자신만의 주문을 만들어서 조용히 속으로 되뇌는 것이 바로 주문을 사용한 명상법이 된다. 자신이 택한 주문을 명상이 끝날 때까지 반복해 입속으로 중얼거린다. 조용히 눈을 감고 바르게 앉아 주문을 암송하면 자연스럽게 명상에 들어가게 된다. 그리고 명상을 끝낼 때는 주문 암송을 중지하고 1분간 기다렸다가 눈을 뜬다. 이것으로 라운드 준비는 끝나는 것이다.

명상의 가치와 효과를 한 마디로 표현하기는 어렵다. 하지만 많은 뛰어난 골퍼들이 명상요법을 사용한다는 사실만 보더라도 명상이 골프에 효과가 있다는 것은 분명해 보인다. 진리를 깨닫고 앞서간 사람들은 대개 명상을 통해 사물의 이치를 깨닫게 되었으며, 명상은 그들을 한곳에 두지 않고 무한성 속으로 이끌어갔다. 그래서 그들이 종종 불가사의하게 보이기도 하고 위대하게 여겨지기도 하는 것이다. 그러므로 증명되지 않은 효과라고 가볍게 무시하지 말고 명상을 시도해보는 것이 어떨까? 명상은 최상의 스코어를 꿈꾸는 당신을 골프의 한 차원 높은 단계로 이끌어줄 것이다.

보는 것과 관찰하는 것

성경의 〈시편〉에 "내 눈을 열어서 주의 법의 기이한 것을 보게 하소서"라는, 관찰觀察을 잘할 수 있는 능력을 달라고 간구하는 다윗의 기도가 있다. 다윗은 하나님이 자신의 눈에 붙어 있는 붕대를 떼어내어 하나님이 계시하는 진리를 볼 수 있는 통찰력을 얻게 해달라고 기도한 것이다.

이처럼 관찰을 잘할 수 있는 능력, 즉 관찰력이란 하나님에게 빌어서라도 얻고 싶은, 무언가를 잘해내고 싶은 우리에게는 필수적인 능력이다. 특히 자연과학에서는 과학적 탐구의 기초를 관찰의 과정으로 보며, 과학자의 천재성은 바로 관찰에서 비롯된다고 한다. 노벨상을 수상한 곤충학자 칼 폰 프리시Karl von Frisch는 행인들이 무신경하게 못 보고 지나치는 순간에도, 자연은 인내심 있는 관찰자에게 경이로운 모습을 보여준다고 말했다.

허구의 인물이기는 하지만, 예리한 관찰력의 소유자로 명탐정 셜록 홈즈를 떠올릴 수 있다. 사건을 해결하기 위한 명탐정의 조건으로 추리력도 필수적이지만, 명탐정 셜록 홈즈가 사건을 해결하는 과정에서 가장 탁월하게 드러낸 능력은 다름 아닌 예리한 관찰력이었다. 그는 단지 사건현장과 주변 인물들을 바라보기만 하는 것이 아니라 그 속에서 사건의 연관성을 찾고, 문제 해결의 열쇠를 찾아내는 것이다. 그러므로 그저 보는 것과 관찰하는 것은 분명하게 다른 차원의 문제다.

요즘에는 많은 방송·인쇄 매체를 통해 뛰어난 골퍼들의 경기를 지켜볼 수 있다. 골프를 전문적으로 다루는 방송도 있고, 프로 골퍼들의 경기 모습을 담은 비디오 자료들도 많이 판매되고 있다. 이로써 그들이 기술적으로 어떤 점에서 뛰어난지, 어떤 습관을 가지고 있는지도 관찰하여 자신의 스윙 자세를 교정하기도 하고, 배울 수도 있게 되었다.

물론 그들의 골프 경기에서 많은 것을 보게 되지만, 흥미 위주로 본다면 아무 의미가 없다. 단지 그들의 경기 모습을 지켜보는 것이 아니라 어떻게 보느냐가 중요하다는 말이다. 스웨덴 선수 소렌스탐은 LPGA 공식 웹사이트와의 인터뷰에서 "남자 선수들이 어떻게 경기를 운영하고 그린 주변에서 어떻게 어프로치를 하는지 관찰하는 것은 정말 재미있다"고 말했다. 여기서 소렌스탐은 세계적인 남자 골프 선수들의 그린 주변 어프로치 기술을 관찰하고, 분석하고 있음을 알 수 있다. 그 또한 보는 것에서 그치지 않고 다른 사람들의 경기 모습을 잘 관찰하여 자신의 것으로 받아들이려는 노력을 기울이고 있는 것이다.

흔히 골프 기량의 향상을 위해 관련 서적도 읽고 코치도 받지만, 최상급 선수들의 경기 모습을 잘 관찰하면 많은 도움을 받을 수 있다. 영상 기술의 발달로 샘 스니드나 벤 호건과 같은 유명 프로들이 스윙 하는 과정을 초 단위로 나누어 관찰할 수 있으므로, 그들이 좋은 스코어를 기록할 수밖에 없는 '스윙의 비밀'을 엿볼 수 있게 되었다.

하지만 대부분의 골퍼들은 세계적인 골프 경기를 볼 때, 300야드의 드라이버 샷이나 벙커로부터 핀에 붙이는 샷, 버디나 이글 등의 감탄할 장면들 위주로 보고 있다. 사실 이러한 관찰법은 골프 기량의 향상에는 큰 도움이 되지 않는다. 마치 프로 골퍼의 경기를 쇼를 구경하는 것처럼 멋지게 날아가는 공에만 찬사를 보내는 관전 태도로는 얻을 것이 없다. 최근에는 일류 프로 선수의 순위나 상금 기록 등을 전해주는 방송 프로그램도 인기가 높은데, 프로 골퍼들의 성적만 관찰하는 것은 별다른 의미가 없다. 좋아하는 선수의 경기 결과에 관심을 두는 것이 나무랄 일은 아니지만 결코 주관심사가 되는 일은 피해야 할 것이다.

가장 유용한 관찰법은 그들의 샷 결과 따위에는 신경을 쓰지 말고 자세와 스윙의 요소요소를 자세히 보고 배우도록 노력하는 것이다. 예를 들면 어깨가 어느 정도 회전하는지, 백스윙 시에 클럽은 어디까지 올라가는지, 머리는 움직이는지 그렇지 않는지, 임팩트 때는 왼쪽 발을 어떻게 하고 있는지 등 스윙의 각 요소를 자세히 관찰하는 것이다. 그린 주변에서 칩샷을 하는 선수들의 동작을 눈여겨보면 스탠스, 백스윙 시의 스윙 크기, 임팩트 전후의 손동작 등 골퍼들이 실전에서 활용할 수 있는 기술을 쉽게 발견할 수 있다. 그리고 그들의 프리샷을 잘 관찰하는 것도 골프 기량을 한 단계 올리는 데 도움이 될 것이다. 이렇게 그들의 경기 모습에서 장점을 배우고 자신의 골프에 적용시키려는 노력이 올바른 관찰법이다.

고요하고 깊게 호흡하라

사람이 숨을 쉰다는 것은 살아 있다는 것이며, 숨을 멈추었다는 것은 바로 죽음을 의미한다. 숨을 쉰다는 것, 즉 호흡은 인간의 생명을 유지하는 데 가장 필요한 기능이다. 사람은 음식을 안 먹어도 20일 내지 30일 정도는 견딜 수 있지만, 호흡은 불과 1분만 중단해도 심한 고통을 느낀다고 한다. 그러므로 호흡은 곧 생명이요 삶이라고 할 수 있다.

호흡呼吸은 생물학적으로 볼 때, 인체 내의 탄산가스를 배출하고 산소를 공급해 혈액을 신선하게 하고 혈액의 순환작용을 도와준다. 뿐만 아니라 흉복공에 있는 오장육부와 각종 신경계통에 적당한 자극을 줌으로써 각 기관의 기능을 돕는 작용을 한다.

이러한 호흡은 육체의 건강을 나타내는 지표가 될 뿐 아니라 인간의 심리 상태를 드러내기도 한다. 예를 들면 우리는 마음의 안정을 잃고 흥분하거나 분노하게 되면 저절로 호흡이 가빠지고 거칠어지게 된다. 반대로 마음이 고요하게 안정되면 호흡 또한 고요하고 깊어짐을 느낄 수 있다. 따라서 마음의 안정과 평화를 이루기 위해서는 호흡을 조절할 필요가 있다. 고요하고 깊은 호흡을 하면 쉽게 마음의 평온을 찾을 수가 있는 것이다.

골프는 다른 어떠한 운동보다도 호흡의 중요성을 강조하는 스포츠이다. 무엇보다 심리적 안정을 필요로 하기 때문에 올바른 호흡법을 몸에 익혀야 최상의 수행이 가능하다. 골프 수행에 가장 적절한 호흡의 패턴을 이해하고 훈련한다면, 골프의 수준을 보다 높일 수 있는 것이다.

2000년 PGA 닛산오픈의 우승자인 커크 트리플렛은 "샷에 대해 고투할 때 호흡을 바르게 가다듬으면 즉각적으로 탄도가 좋아지고 비거리가 증대한다"고 말했다. 사실 코로 숨을 천천히 마시고 입으로 토하면 몸과 마음이 이완되고 집중을 가능하게 해주며, 우리가 흡입한 산소는 몸속 곳곳으로 에너지를 공급하여 몸의 긴장을 완화시켜준다.

예로부터 동양에서는 정신과 육체를 단련하기 위한 호흡과 관련한 수행법이 많이 소개되었다. 요가, 불교의 선, 단전호흡 등이 그것이다. 이러한 수행법들의 목적은 몸의 모든 부위를 건강하게 유지하고 정신의 절대안정을 도모하는

데 있다. 일례로 요가의 호흡법을 보면 숨을 들이마시고 한참 동안 참았다가 길게 내뿜는 방식을 취한다. 그렇게 하면 우주의 생명력을 온몸에 충만히 채워두게 되어, 정신과 육체가 우주의 생명력과 더불어 영원하게 된다는 것이다.

우리는 마음이 흔들린다든지 불안해지면, 좌선을 떠올리곤 한다. 좌선을 하면 마음을 안정시킬 수 있지 않을까 막연하게 생각하는 것이다. 이것은 동양인들이 가지는 선禪에 대한 기대라고 할 수 있다. 실제로 좌선을 해보면 마음의 안정을 얻을 수 있지만, 실행에 옮겨서 오래 행하는 사람은 적다. 그 이유는 좌선을 너무 어렵게 여기기 때문이라고 생각된다. 선 이론에 대해 겁먹지 말고 좌선을 단지 결가부좌를 하고서 호흡을 정리하는 것으로 생각하면 좀 더 쉽게 다가갈 수 있을 것이다.

굳이 결가부좌를 하지 않아도 좋다. 잠시 조용한 공간에 서서 하거나, 혹은 의자에 앉아서 호흡을 가다듬을 수 있으면 된다. 편안한 자세로 두 눈을 감고, 코로 부드럽게 천천히 들이쉬면 된다. 들이쉰 숨이 목구멍을 통과해 몸속 깊은 곳까지 닿을 수 있도록 천천히 호흡하라. 마치 들이쉰 숨이

배를 부풀리고 꼬리뼈를 긴장시킨다는 느낌으로 호흡하면 어깨도 펴지고 등도 곧아지는 기분이 들 것이다. 이런 식으로 장소에 상관없이 틈나는 대로 호흡법을 꾸준히 연습하면 몸에 익숙해져서 자연스럽게 느껴질 것이다. 상황이 여의치 않으면 걸으면서 호흡을 가다듬어 심리적 안정을 찾는 방법도 있다. 걸음을 천천히 옮기면서 발걸음의 속도에 자신의 호흡을 맞추는 것이다.

뇌파검사 실험 결과, 서 있는 자세에서 호흡을 잘 조정하면 좌선을 할 때와 같은 뇌파의 패턴이 얻어진다는 사실이 실증되었다. 따라서 선禪의 호흡법을 활용하면 골퍼의 심리적 안정과 집중력을 향상시키는 효과를 기대할 수 있다. 골프는 기본적으로 긴장을 유발하는 상황에서 게임을 치르게 되므로 긴장을 풀어줄 수 있는 자신만의 호흡법이 중요하다. 티샷이나 퍼팅을 하기 전에 호흡을 가다듬어보자. 분명히 효과를 얻을 것이다. 사전에 아무런 준비가 되지 않았더라도 심호흡을 하고 아랫배에 힘을 주는 것만으로도 상당한 효과가 있다. 공에 다가서기 전에 호흡을 조절하면 스윙이 더욱 자연스럽고 부드러워질 것이다.

그렇다면 실제로 경기 중에는 어떤 호흡이 좋을까? 임팩트 순간 숨을 내뱉는 것이 좋을까, 아니면 들이마시면서 샷을 하는 것이 좋을까? 스포츠 생리학에 따르면, 사람의 근육은 숨을 들이마실 때 경직되고 내쉴 때 이완되는 특징이 있다. 따라서 테이크백부터 피니시까지 숨을 내쉬는 것이 효과적이라는 주장이 있는 반면, 테이크백에서 톱스윙 때까지는 숨을 들이마시고 다운스윙부터 피니시까지는 내쉬라는 주장도 있다. 그러나 일반적으로 테이크백 때 숨을 들이마시면 근육이 굳어져 미스 샷을 유발하기 쉽다. 숨을 들이마시면 근육이 경직되고 이와 함께 맥박도 빨라져 샷을 서두르게 된다. 이처럼 호흡에 대해서는 여러 가지 이론이 있다. 예를 들어 가장 많이 알고 있는 호흡법 중 하나가, 들이마신 숨의 3분의 2 가량 내쉰 다음 숨을 멈추고 샷을 하는 경우가 좋다는 것이다. 하지만 결국 자신만의 호흡 타이밍과 리듬, 템포를 찾아야 한다.

분명한 건 호흡을 가다듬으면 골프가 잘 된다는 사실이다. 그러기 위해서는 자신의 호흡 패턴을 분석하고 골프를 하는 데 유효한 호흡 패턴으로 바꾸어야 한다. 호흡이 마음을 다스리고 집중력을 높인다는 사실을 명심하길 바란다.

호흡의 집중법과 심호흡

이완弛緩과 집중集中은 골프의 가장 중요한 두 가지 원칙이라고 말할 수 있다. 대부분의 골퍼들이 이완과 집중의 중요성은 잘 알고 있으나 어떻게 이완하는지 또는 집중하는지에 대해서는 모르는 경우가 많다. 심지어 골프 코치들도 단지 힘을 빼라, 그리고 집중하라고만 주문하고 있을 뿐이다.

그러므로 지금부터 소개하는, 코스에서 유효하게 사용되는 간단한 호흡의 집중법集中法은 골퍼들에게 많은 도움이 될 것이다. 호흡의 집중법은 한 마디로, 심호흡을 하면 집중된다는 뜻으로 호흡의 중요성을 일깨워주는 말이다.

자, 공 뒤에서 스탠스를 취하고 눈을 감고 불안하다고 생각해보자. 그리고 호흡을 확인해보라. 흔히 불안하면 본능적으로 얕은 숨을 쉬게 된다. 이제 다시 스탠스 자세를 취하고 심호흡을 해보라. 가능한 한 깊게 숨을 들이마셔라. 그리고 몸과 마음을 확인해보라. 긴장되어 있는지 이완되어 있는지를 확인하라. 심호흡을 할 때 느낌이 달라졌을 것이다.

대부분의 사람들은 심호흡을 하면 몸과 마음이 이완되고 편안해진다. 달리 말하면 긴장과 심호흡은 서로 상충되는 개념이라 심호흡을 하면 긴장이 사라지게 된다는 것이다. 사람들은 일반적으로 숨을 급하게 들이마시는데, 이때는 폐의 윗부분이 채워져 어깨가 올라간다. 하지만 바른 호흡법에 따라 천천히, 깊게 심호흡을 하게 되면 폐의 아랫부분에 공기가 채워지고 횡격막을 밀어 복부가 나오게 된다.

　심호흡을 연습해보자. 앉거나 선 자세에서 숨이 아랫배로 가도록 천천히 길게 숨을 들이마신다. 이때 등이 길어지는 느낌을 가지게 된다. 이 느낌은 골프 스탠스를 취하는 데도 좋고, 팔이 자유로워져서 편하다. 이렇게 가능한 한 자주 심호흡을 연습하면 호흡법이 자연스러워지는데, 충분한 양의 산소를 뇌와 혈액에 제공할 수 있어서 좋다.

　라운드에 들어서게 되면 골퍼는 얼마나 본인에게 나쁜 영향을 줄지도 모르는 여러 가지 긴장된 상태에 처하게 된다. 그러므로 코스에서 샷이나 퍼팅을 하기 전에 심호흡으로 긴장을 없애는 일은 매우 중요하다.

　모든 스윙 루틴에서 꼭 심호흡을 하기 바란다. 심호흡은 스윙 루틴의 시작이 되는 공 뒤에서 공에 접근하는, 시작을 위한 방아쇠가 된다. 실제 코스에서는 공의 후방 목표선상의 약 3미터 지점에 서서 샷을 심상하고, 코나 입으로 숨을 길게 천천히 들이마시고 숨을 내쉰 후 공에 접근한다. 한 마디로 심호흡은 보다 편하고 즐거운 라운드를 보장해준다.

있는 그대로 받아들여라

중국의 고전 《장자》의 주된 주제는 '끊임없는 변화'이다. 이 끊임없는 변화는 궁극적으로 정신의 자유와 평안을 추구하는 것으로, 현명한 사람은 변화의 흐름에 따라서 생활함으로써 평안을 얻는다. 장자에 의하면 "인간은 만물유전의 법칙에 거스를 수 없다는 것을 알았을 때, 스스로를 속박하는 개인의 목표나 주위 환경 등으로부터 해방되어 모든 것을 감싸는 도道와의 조화 속에서 거리낌 없이 살게 된다"고 한다. 그래서 삶을 있는 그대로 받아들이라고 한다. 무엇을 얻으려 하거나 바꾸려고 크게 애쓰지 말라고 한다. 다시 말해, 삶을 있는 그대로 받아들이면 그것이 하나의 축복이 된다는 것이다.

있는 그대로 받아들인다는 말은 눈에 보이는 모든 존재들을 있는 그대로 인정한다는 뜻이다. 분노, 고통, 괴로움 그리고 절망마저도 존재로서 인정하라. 한 마디로 받아들임은 그것이 무엇이든 조건 없이 그대로의 존재성을 인정하는 것이다. 모든 것을 당신이 바라는 대로가 아니라 지금 있는 그대로 받아들이라는 것이다. 어떠한 상황이 당신을 당혹스럽게 하더라도 이 순간은 당연히 이래야 하는 순간이라고 생각하라. 매순간 닥쳐오는 그 어떠한 일도, 비록 원하지 않는 것이라 해도 그것을 최대한 활용하기만 하면 분명히 도움이 될 것이다.

현실은 해석하기 나름이다. 당신이 처한 이 순간을 원망하고, 받아들이지 않고 거부한다면 삶은 저항에 부딪치게 된다. 저항에 부딪쳤을 때 상황을 억지로 몰고 갈수록 그 저항은 커질 따름이라는 사실을 인정하라. 누군가가 이런 말을 했다. "과거는 이야기요, 미래는 수수께끼며, 이 순간은 선물이다."

골프도 우리의 삶과 같은 것이다. 널따란 코스가 있고, 그리고 우리에게는 공과 클럽이 주어져 있다. 우리가 홀마다 최소의 타수로 공을 홀에 집어넣으려는 과정에서 일어나는 일들을 어떻게 받아들일 것인가는, 전적으로 우리 자신에게 달려 있는 것이다. 그런데 이러한 일들을 있는 그대로 받아들이려는 마음이 없으면 훌륭한 골퍼가 될 수 없다. 공이 원하지 않는 곳에 들어가는 경우가 있다. 이때도 우리는 공을 있는 그대로 쳐야 한다는 골프의 대원칙을 지켜야 한다. 바로 이것이 있는 그대로를 받아들이는 일이다.

골프 라운드 중에는 여러 가지 일이 벌어진다. 미스 샷을 하여 그린을 벗어난 공이었는데도 나무나 어떤 다른 곳에 맞아 홀 컵에 들어가는 행운이 있는가 하면, 반대로 페어웨이 중앙으로 잘 날아간 공이 디보트에 들어가는 경우도 있다. 이것은 바로 우리의 삶과 같은 희비극으로, 우리는 이러한 일들조차 있는 그대로 받아들여야 한다. 아무리 뛰어난 프로라도 실수를 하게 마련이지만, 그들이 쉽게 무너지지 않는 가장 큰 이유 중의 하나는 실수를 있는 그대로 받아들인다는 점이다.

우리가 어려운 일들을 만났을 때 생기는 불안, 공포 등은 어떠한 환경이나 상황 등을 계기로 자기 자신이 과거에 체험한 감정을 지금, 여기에 불러들인 것이다. 이러한 일들을 있는 그대로 받아들인다면 불안할 수가 없다. 어떠한 상황이든 사건이든 어느 것 하나 우리의 삶에 보람 없이 헛된 것은 없다. 심지어 '마음의 상처는, 마음의 보물'이라는 이야기도 있듯이, 있는 그대로를 받아들일 때 좋은 결과가 기다리고 있는 것이다.

'지금 이 순간'을 있는 그대로 받아들이면 어떤 일에도 동요하지 않는 마음의 평안을 얻을 수 있다. 우선 받아들여라, 그리고 행동하라. '지금 이 순간'과 협력하면 당신이 그대로의 상황에 창조적으로 대응할 수 있는 능력이 생긴다.

영혼의 눈을 떠라

우리는 창조주로부터 눈이라는 큰 선물을 받았다. 성경에 따르면, 하나님이 다른 피조물을 모두 만든 후에 마지막 여섯째 날에 인간을 만들어 세상을 보게 했다고 한다. 이는 세상의 모습을 우리 인간의 눈으로 볼 수 있게 한 것이다. 그것은, 본다는 행위를 통해 세상의 창조가 완성된다는 의미를 담고 있다고 해석할 수 있다.

흔히 우리 인간은 세 가지 차원의 눈을 가졌다고 한다. 즉 사물을 보는 육신의 눈, 이해하고 생각하는 사유의 눈, 그리고 느끼고 직관하는 영혼의 눈을 가졌다고 한다. '본다'라는 개념에는 단지 보는 행위뿐만 아니라 생각하고, 깨닫는 정신의 영역을 포함하고 있는 것이다.

그러므로 개안開眼, 즉 눈을 뜨는 일은 모든 사물이나 사실의 본질을 있는 그대로 보는 것을 의미한다. 단지 육신의 눈이 아닌 영혼의 눈으로 보는 것을 말한다. 이 영혼의 눈이란 어떤 눈인가? 그리고 그 눈은 어떻게 하면 개안이 이루어질 수 있는가?

영혼의 눈이란 사물이나 존재의 본질을 볼 수 있고 만나는 눈이다. 그러나 그 영혼의 눈은 저절로 떠지는 것이 아니다. 사물의 본질을 볼 때 외형적으로 파악하거나 피상적으로 보아서는 영혼의 눈을 뜰 수 없다. 꾸준한 노력과 인내를 통하여 자신의 육체와 정신을 수련하는 가운데 이루어지는 것이다. 그렇기 때문에 도를 이루는 방법을 찾고, 구원을 기원하는 것이다.

골퍼들은 언제나 자기가 목표로 하는 스코어를 달성함으로써 즐거운 라운드가 되기를 바란다. 그러나 대다수의 골퍼들은 라운드가 끝나면 좌절과 절망에 빠지고 만다. 그 이유는 골프를 오랫동안 하면서도 골프의 도에 이르지 못하고 언제나 한계에 머물러 있다는 스스로의 자각 때문이다. 대부분의 골퍼가 골프가 무엇인지 모르고, 이래야 하는지 저래야 하는지 혼란에 빠져 있다는 이야기이다. 이를 한 마디로 말하면, 골프에 개안하지 못하고 있기 때문이다. 훌륭한 골퍼가 되기 위해서는 셋업에서부터 스윙에 이르기까지 전체적으로 개안하여야 한다.

그러면 어떻게 하면 골프에 눈을 뜰 수 있는가를 생각해보자. 먼저 크게 깨달아야 한다. 대부분의 골퍼들은 각자의 생각에 사로잡혀 있다. 자신들만의 견해, 조건, 상황에 집착하고 있는 것이다. 자기만의 생각은 놓아버리고 본질을 보아야 한다. 또한 전체를 보고, 지엽말절枝葉末節에 사로잡히지 말아야 한다. 예를 들어 골프 스윙의 경우, 조금의 결함이 있더라도 스윙이 전체적으로 조화를 이루고 있으면 된다. 핵심은 근본이다. 근본을 파악하고 있는 한 사소한 잘못에 너무 구애될 필요는 없다. 그러나 근본을 잃으면 부분적으로 성공을 하더라도 큰 성취를 거둘 수 없다. 언제나 나무가 아닌 숲을 보도록 노력해야 한다.

프로 선수를 대상으로 한 스윙 분석에서, 백스윙 시 클럽헤드의 경로는 개인별로 상당한 차이가 있었지만 다운스윙 시 클럽헤드의 경로는 거의 차이를 보이지 않았다. 이는 스윙 전체를 보지 않고 백스윙만 부분적으로 본다면 큰 문제라고 지적할 수 있다는 것이다. 그러나 전체적으로 그리고 중요한 것을 본다면 스윙 자체는 그리 큰 문제가 되지 않는다.

이러한 예는 '변칙 스윙'으로 이름난 짐 퓨릭 선수의 스윙에서 찾아볼 수 있다. 짐 퓨릭은 백스윙 때 클럽을 바깥쪽으로 빼냈다가 다운스윙 때 안쪽으로 당겨 치는 독특한 '8자 스윙'을 구사한다. 골프 스윙에 대해 눈을 뜨지 못한 사람이 보면 정말 문제 있는 스윙이다. 하지만 짐 퓨릭 스윙의 다운스윙 과정과 임팩트를 보면 다른 최고의 선수들과 동일하다.

그 다음으로, 골프에 눈을 뜨려면 골프에 몰입해야 한다. 고양이가 쥐를 잡는 모습을 떠올려보자. 쥐구멍 밖에서 고양이는 어깨를 잔뜩 긴장시키고 뒷다리는 용수철처럼 언제라도 쥐가 나오면 움켜쥘 자세를 하고 있다. 그리고 모든 에너지를 쥐구멍에 집중하고 있다. 고양이는 어떠한 상황에서도 흔들림 없이 한곳에 모든 에너지를 집중한다. 우리가 훌륭한 골퍼가 되고자 한다면 골프 자체에 대한 몰입을 통해 눈을 떠야 한다.

랄프 만Ralph Mann 박사는 그의 저서 《프로처럼 스윙하라》에서 임팩트를 '진실의 순간(the moment of truth)'이라고 명명하였다. 사실 골프 스윙에서 가장 중요한 것이 임팩트이다. 그러므로 멋진 스윙을 하려면 가장 중요한 이 진실의 순간에 몰입하여야 한다. 그렇지 않고 다른 부분에 신경을 분산시킨다면 좋은 결과를 기대할 수 없다.

또한 골프에 눈을 뜨려면 크게 의심해야 한다. 크게 의심하는 것은 한 가지에 의심을 집중하는 것이다. 처음 골프를 시작할 때는 많은 의심을 하지만 얼마 지나지 않아 대부분의 골퍼들은 의심을 버린다. 내가 왜 골프를 하는지, 골프에서 내가 이루고 싶은 것은 무엇인지, 골프를 통해 무엇을 얻고 싶은지 끊임없이 회의하고 의심하면, 그 속에서 방법을 찾을 수 있는데 말이다. 사실 며칠이나 몇 달간 의심하기는 쉬운 일이나 오랫동안 한 마음을 간직하는 것은 쉽지 않다. 그렇기에 부단한 수련이 필요한 것이다.

골퍼들에게 한 우물을 파듯 한 마음으로 정진하기를 권한다. 목이 말라 물을 찾는 사막의 여행객처럼 '골프를 어떻게 해야 하는지'에 대한 큰 의심을 시종 간직하라. 그러다 보면 그 속에서 길을 찾게 되고, 그 길은 진리로 통하는 길이 될 것이다. 훌륭한 골프를 하려면 골프에 개안해야 한다. 그래야만 이를 통해 진정한 골프의 경지를 경험할 수 있을 것이다.

시인 박목월은 〈개안開眼〉이라는 시에서 "나이 60에 겨우 꽃을 꽃으로 볼 수 있는 눈이 열렸다"고 노래했다. 분명 영혼의 눈을 뜬다는 것은 실로 어렵고도 어려운 일이다.

자기 자신을 지혜로 다루기

"전쟁터에서 100만 인과 싸워 이기는 것보다 자기 자신을 이기는 사람이 진정한 승리자이다"라는 말이 있다. 생사가 오가는 처절한 전쟁터에서 온갖 무기로 무장한 군사들을 상대로 싸우는 것보다 자기 자신과 싸우는 싸움이 더 치열하고 힘들다는 것이다.

사실 골프는 한 마디로 자기를 이겨내야 하는 극기克己의 게임이라는 말이 있다. 우리가 잘 알고 있는 박세리 선수를 오늘날 수퍼스타로 만든 '일등 공신'은 그녀의 아버지 박준철 씨이다. 그는 "골프는 체력을 바탕으로 한 자기 자신의 정신관리 싸움"이라는 말로 골프의 속성을 정의했다. 박준철 씨가 극기 훈련의 일환으로 박세리 선수를 매일 15층 아파트 계단을 5회 이상 왕복시키고, 한밤중에 공동묘지에 혼자 남겨두기까지 했다는 이야기는 유명하다. 체력이나 기술로만 훈련한 것이 아니라 박세리 선수가 스스로와 싸워서 이길 수 있는 힘을 기르도록 애썼다는 것이다.

타이거 우즈는 《나는 어떻게 골프를 하는가》라는 책에서

"최후의 순간, 당신은 당신 자신과 맞선다"라고 강조했다. 그리고 "당신은 골프 코스와 맞서는 것이 아니고, 언제나 당신 자신과 당신의 능력과 한계, 그리고 자신이 만들어낸 압박감 속에서 발휘할 수 있는 능력에 확신을 갖느냐는 문제와 직면하게 된다"고 지적했다. 이러한 타이거 우즈의 지적은 골프에서 골퍼 자신의 자기관리 능력이 얼마나 중요한지를 다시금 생각하게 한다.

극기라는 말의 사전적 의미는 간단히 말해 여러 가지 욕심이나 감정 따위를 잘 억제하고 관리하는 것을 뜻한다. 그런데 말처럼 쉽지는 않다. 극기, 즉 자신을 이기기 위해서는 상당한 수련을 필요로 한다. 불교 경전 중의 하나인《법구경》에는 이런 말이 있다. "물을 대는 사람은 길을 잘 내고, 활 만드는 사람은 화살을 잘 다루며, 목수는 재목을 다듬고, 그리고 지혜로운 사람은 자기 자신을 다룬다." 법구경은 우리가 우리 자신을 다루는 데 상당한 지혜가 필요하다는 가르침을 전하고 있다. 그것이 온전히 자기 자신을 이기는 힘이요, 방법이라는 가르침일 것이다.

골프에서 극기란 무엇보다 먼저 자기 자신을 살펴야 한다는 뜻이다. 골퍼가 어떤 경기, 어떤 상황에 처해 있는가는 그다지 중요하지 않다. 그것은 전체가 아닌 부분이다. 전체가 아닌 부분은 언제나 갈등을 낳는다. 골퍼에게는 무엇보다도 자기 자신을 들여다보고, 자기 자신에게 귀 기울이고, 살피고 되돌아볼 수 있는 능력이 중요하다. 자기 자신의 능력과 한계를 거듭 살피는 훈련, 즉 자기 자신을 다루는 훈련이 필요하다. 나의 능력이 어떠한가? 나의 한계는 무엇인가? 스스로 물어야 한다. 자신에게 묻고 자기의 안을 들여다보는 조용한 침묵 속에서 문득문득 떠오르는 빛이 있다. 이것이 바로 극기를 위한 지혜의 싹이고, 새롭게 열리는 극기의 문이다.

자기 자신을 살피려면 많은 주의력과 집중이 필요하다. 집중을 하는 것은 현재를 최대한으로 사는 일이다. 즉 티샷을 하든, 아이언 샷을 하든, 퍼팅을 하든, 아무 잡념 없이 그 순간에 순수하게 집중하고 몰입할 때 최고의 수행이 가능해진다. 골퍼가 심리적으로 불안하고 초조한 상태에 빠져 있다면 그것은 이미 지나가버린 과거의 시간 앞에 서 있는 경우가 많다. 사실 우리가 근심과 걱정에서 벗어나지 못하고 있다는 것은 이미 지나간 일들을 붙들고 있기 때문이다.

하지만 우리는 항상 현재를 살아내고 있다. 과거의 시간에서 샷을 하는 것이 아니라 '지금 이 자리'에서 샷을 하는 것이다. 그러므로 과거의 샷이나 미래의 결과에 연연하지 않아야 한다. 지금 이 순간이 과거에서 비롯되었고, 미래의 어떤 결과를 잉태하더라도 현재는 현재일 뿐이다. 과거는 이미 강물처럼 흘러가버렸고, 미래는 아직 오지 않았다. 따라서 우리가 과거나 미래에 한눈을 팔면 현재의 샷을 망칠 수밖에 없는 것이다.

결론은, 우리는 꾸준한 극기수련을 통해 자신을 살피는 능력을 배우고 자신을 이겨야 한다는 것이다. 그리고 자기를 이긴다는 것은 자기 자신을 잊어버리는 일이라는 것을 알아야 한다. 자기 자신을 잊어버린다는 것은 자신을 텅 비우는 일이다. 자기를 비울 때 우리는 골프에서 최상의 결과를 얻을 것이다.

자신의 마음가짐을 분명하게, 새롭게 하라.

자신의 마음가짐이 확립되어 있으면 자신의 페이스나 해야 할 일을 분명히 알고 있기 때문에 타인이나 주변 환경에 좌우되지 않고, 작은 동요가 있더라도 회복할 수 있으므로 안정적으로 매우 안정된 상태에서 플레이를 할 수가 있다. 한 번의 실수에 스스로 자책하지 마라. 중요한 것은 한 번 실패했다는 사실보다 실패한 사실에 연연하여 기분이 영향을 받는 것이 문제다. 한 번의 실패는 과거로 묻어라.

현재는 새로운 자를 안심시키는 것이 목표이다.

제2장
그린에서 최상의 순간을 만나다

실전에서는 누구나 긴장한다

골프 코스에 나가면 여러 가지 이유로 평소의 기량을 발휘하지 못하는 경우가 있다. 코스의 상태, 신체적 조건, 장비 등 하드웨어적인 것은 별다른 문제가 없는데도 플레이가 잘 풀리지 않는다. '왜 잘 안 되는 거지?' 외형상 아무런 문제가 없다고 생각하는데 플레이가 잘 풀리지 않으면 골퍼는 초조해지기 시작한다. 그러면 자신의 기술을 점검해보기도 하고, 컨디션이 좋지 않은지 살펴보면서 이리저리 원인을 찾아내려고 애쓴다.

골퍼의 체력에도 문제가 없고 골프의 스윙 기술도 익혔다면, 한 번쯤 점검해봐야 하는 것이 연습장 실력과 필드 실력에 차이가 나지 않는지 하는 것이다. 드라이버에서 퍼터까지 다양한 클럽을 연습장에서는 능숙하게 다루더라도 필드에서 나타나는 다양한 환경적 조건에 적응하지 못하는 경우가 많기 때문이다. 하지만 골프를 어느 정도 칠 수 있는 중급자의 경우라면 골프의 스윙 기술을 다양한 환경에서도 다룰 수 있는 능력이 생겼을 것이다. 그렇더라도 연습과 시합이라는 상황은 심리 상태를 변화시킬 수 있는 중요한 요소이다. 그러므로 골퍼에게는 환경에 구애받지 않고 자신의 실력을 충분히 발휘할 수 있는 능력이 필요하다. 이때 필요한 것이 정신이다.

골프 코스에서 제대로 실력을 발휘하기 위해서는 무엇보다 정신적 강인함과 심리적 안정이 있어야 하며, 심신의 이완과 집중력이 필요하다. 하지만 그러한 사실을 잘 알고, 마음의 평정을 이루려고 힘쓰더라도 첫 티샷을 형편없이 날리거나 어처구니없는 칩샷을 하는 등 여러 가지 실수가 생기기도 한다. 이것은 한 마디로 실전에서의 심리적 대처 능력이 부족하기 때문이다. 골프가 멘탈 경기라는 사실은 알지만, 구체적인 대처 방법을 아직 잘 모르는 것이다.

먼저, 자기 자신의 마음가짐을 확립해야 한다. 이것은 어떤 측면에서는 자기의 본성을 깨닫기를 요구하는 것이다. 자기의 본성을 깨달은 사람은 자신의 내재적인 가능성을 믿기 때문에 어떠한 결과가 나오더라도 편안하게 받아들일 수 있다. '물과 파도는 둘이 아니다(水波不二)'라는 말이 있듯이, 샷의 결과가 이전과 조금 다르더라도 다른 것이 아니라고 생각할 수 있어야 한다. 첫 샷을 망친 경우, 내가 왜 그랬을까에 연연하지 않고, 다음 샷을 편안한 마음으로 날릴 수 있는 마음가짐이 필요하다. 망친 샷도 내가 한 것이고, 멋진 샷도 자신이 한 것이라고 생각할 수 있어야 한다.

특히 초심자의 경우에 제일 문제가 되는 것이 연습장에서처럼 생각대로 되지 않고 전혀 예상하지 않았던 결과가 나와 당황하는 것이다. 생각으로는 곧바로 가야 할 티샷이 주위의 동반자를 의식하는 등의 사소한 이유로 옆으로 가버리거나, 어프로치에서 헛손질을 연속하게 되면 마음은 크게 동요되기 마련이다. 마음은 마치 강물 속에 먹이를 떨어뜨린 개처럼 속수무책으로 변해 이리저리 요동치는 것이다.

그러면 초심자들이 많이 겪을뿐더러, 어느 정도 경험을 쌓은 골퍼에게도 나타나는 이러한 문제를 어떻게 하면 막을 수 있을까? 사실 이러한 문제는 '자신의 마음가짐을 확립해야 한다'는 사실에 조금만 관심을 가져도 상당히 개선된다. 바로 멘탈이 필요한 것이다. 자신의 마음가짐이 확립되어 있지 않으면 여러 가지 상황이나 사건에 좌지우지되고 경기 내용도 요동친다는 사실을 명확하게 인식하고 있어야 한다. 때때로 긍정적인 의미의 긴장은 샷의 자세를 바로잡아주게 된다.

그러므로 자신의 마음가짐을 분명하게, 새롭게 하라. 자신의 마음가짐이 확립되어 있으면 자신의 페이스나 해야 할 일을 분명히 알고 있기 때문에 타인이나 주변 환경에 좌우되지 않고, 작은 동요가 있더라도 회복할 수 있으므로 심리적으로도 매우 안정된 상태에서 플레이를 할 수가 있다.

그리고 훌륭한 골퍼가 되려면 불굴의 투지를 가져야 한다. 대부분의 골퍼들은 샷이 뜻대로 안 되면 쉽게 기가 죽는다. 이래서는 훌륭한 골퍼가 될 수 없다. 샷과는 상관없이 동반자의 말 한 마디에도 의기소침해지는 경우가 있는데, 이는 투지가 부족하기 때문이다.

누구나 플레이 중에 타인의 말 한 마디가 묘하게 신경이

쓰여 실수를 한 경험이 있을 것이다. 이때 효과가 있는 것은 이미지 그리기이다. 특히 미국의 골프 선수들은 일단 페어웨이에 가면 주위를 모두 '대상object'으로 보는 훈련을 한다고 한다. 주위의 사람조차 '물건'으로 보면 거의 신경이 쓰이지 않게 된다. 물론 도가 지나치면 안 되겠지만, 이 방법은 꽤 유효하다. 사실 투지라는 것은 주위를 다른 차원에서 볼 때 나오는 것이기 때문이다.

실전에서는 긴장을 하지 마라. 긍정적인 긴장은 우리의 내적 에너지를 끌어올리는 원동력이 되기도 하지만, 지나친 긴장은 우리의 사고와 능력을 위축시키기도 한다. 여러 가지 긴장 완화를 위한 요법들이 우리의 생각하고 실행하는 능력을 향상시키는 수단으로 널리 사용되고 있는 것도 그러한 이유에서이다. 긴장 완화는 사람의 마음을 안정시킴으로써 실수를 줄여준다. 프로들도 첫 샷을 할 때는 긴장한다. 이것은 왜 그럴까? 몸이 아직 풀리지 않았고, 첫 번에 하는 샷이 잘못되면 라운드 전체가 잘못된다고 생각하는 것이 원인이다.

마지막으로 발상의 전환을 시도해보라고 충고하고 싶다.

한 번의 샷이 실패했다고 해도 문제가 없다고 생각해야 한다. 처음부터 끝까지 완벽한 플레이로 하루가 끝나야 한다는 생각은 아예 버리는 게 낫다. 언제나 '어떻게 회복할지가 중요하다!'라는 플러스 사고를 하면 약간의 실수는 신경 쓰지 않게 된다. 만약 작은 실수로 기분이 상했을 때에는 무리하게 속으로 삭히려고 애쓰지 않아도 된다. 감정을 억지로 누르면 스트레스가 쌓일 수도 있으므로 무리하게 감정을 누를 필요는 없다. 한 마디로, 죄의식을 가지지 말고, 그저 감정의 흐름을 보기만 하라. 가장 중요한 것은 잘못한 조금 전의 샷이 아니라 지금 하려는 샷이다.

첫 티샷의 압박감 이겨내기

첫 홀에서 첫 티샷을 할 때 누구나 심리적으로 큰 부담을 느낀다. 제법 구력 있는 아마추어들도 첫 티샷에는 가슴이 두근거린다고 말한다. 비록 180야드밖에 나가지 않더라도 페어웨이에 공이 안착되어야 일단 안심할 수 있다고들 한다. 하지만 관록 있는 프로 선수라고 해도 첫 티샷을 할 때는 긴장한다.

왜 첫 티샷은 우리를 압박할까? 그 이유는 여러 가지가 있겠으나, 가장 큰 원인은 첫 홀, 첫 번째 티샷의 성패가 그날의 플레이를 좌우한다는 생각 때문이다. 그리고 긴장을 하지 말아야 한다는 생각이 또 다른 긴장을 낳는 것이다. 이러한 정신적 긴장은 바로 신체적 긴장으로 이어져 부드러운 샷을 할 수 없게 한다.

아무튼 첫 티샷의 불안은 어떻게 하든지 없애야 한다. 먼저, 골프에서는 한 번의 실수가 첫 티샷에서 나오든 아니든 간에 그다지 중요하지 않다는 사실을 인식해야 한다. 냉정하게 생각해보면, 한 번 실패했다고 해서 전체 결과가 나쁘게 나오는 것은 아니라는 뜻이다. 보다 중요한 것은 한 번 실패했다는 사실보다 실패한 사실에 연연하여 그 이후의 경기에까지 영향을 미치는 것이 문제라는 것을 알아야 한다. 한 번의 실패는 과거로 묻어라. 현재는 새로운 샷을 완성시키는 것이 목표이다. 앞선 실패에서 느끼는 감정을 끊어내기가 힘이 들겠지만, 우리의 삶이 그러하듯 앞으로 나아갈 길이 멀다는 사실을 인식하면 주저앉을 수는 없는 일이다.

또한 중요한 것은 처음부터 끝까지 완벽한 플레이로 하나의 라운드를 끝내야 한다는 생각을 우선 버리는 것이다. 골프에서 완벽한 플레이는 불가능에 가깝다. 골퍼 스스로 완벽한 플레이를 바란다면, 아무리 시간이 흘러도 상황에 적절하게 대응할 수 있는 유연한 플레이어가 될 수 없다.

결국, 실수를 해도 괜찮다는 생각이 중요하고 그 결과를 솔직하게 받아들여 만회하려는 노력을 하면 된다는 것이다. 실수는 만회할 수 있는 것이다. 공이 오른쪽이나 왼쪽으로 가버리면, 낭패를 봤다고 좌절하기보다는 '여기서부터 어떻게 만회하느냐가 더 중요하다'라고 생각해야 한다. 이때 침착하게 평상시 그대로의 플레이를 하겠다는 긍정적 생각을 하는 습관을 들이도록 노력해야 한다. 언제나 이런 생각으로 경기를 한다면 작은 실수 따위는 그다지 신경 쓰지 않게 될 것이다.

긍정적인 생각을 바탕으로 모든 행동이 이루어질 때 첫 티샷은 성공한다. 티 박스에 들어서면 숨을 깊이 들이마시고 천천히 토하면서 심리적인 안정을 찾는다.

그 다음, 셋업 하기 전에 성공적인 샷을 머릿속에 그려본다. 그리고 페어웨이를 넓게 쓸 수 있다고 생각함으로써 스스로를 안심시키도록 한다. 긴장한 상태에서 목표 지점을 좁게 잡으면 미스 샷이 나오기 때문이다. 가장 주의할 것은 헤드업이다. 첫 홀의 첫 티샷이기 때문에 결과를 빨리 알고 싶어 헤드업을 하게 된다. 임팩트 시 눈을 공의 위치에 고정시킨다면 멋진 샷이 나올 것이다. 불필요한 몸동작은 하지 않도록 해야 한다. 몸이 상하로 출렁거리지 않도록 하체를 견고하게 하고 여유 있는 스윙을 하도록 한다. 그리고 모든 것을 그날의 운명에 맡기는 편안한 마음으로 임한다면 의외로 좋은 샷이 나올 수도 있다.

마지막으로 평상시 연습 때, 항상 '이것이 첫 티샷이다'라고 생각하고 훈련하는 것이 좋다. 가상의 상황이라도 첫 홀, 첫 샷이 주는 압박감에 스스로를 단련시킬 수 있다. 그러므로 가능한 한 자신이 약한 여러 상황을 구체적으로 설정해 압박감 속에서 연습하는 것이 도움이 된다. 이미지만으로라도 긴장감을 경험해두면 실전에서 편하게 샷을 할 수 있다.

스윙 전에 모든 생각을 없애라

스윙을 하기 전에는 생각을 많이 하는 것보다 아예 생각을 멈추는 것이 낫다. 골퍼라면 누구에게나 이런저런 생각으로 머릿속이 복잡할 때 스윙을 해서 나쁜 결과를 초래한 경험이 한 번쯤은 있을 것이다. 클럽을 어떤 것을 쓸 것인지 생각하고 홀까지의 거리를 측정하는 등 경기에 필요한 정보 수집 외에도, 같이 경기를 하는 주변 사람들의 반응 등 신경 쓸 때가 한두 군데가 아니다. 여러 가지 생각이 밀려올 때는 몸의 균형마저 잃어버릴 우려가 있다.

특히 스탠스 자세에서 생각이 많으면 샷을 그르칠 확률이 높다. 생각이 멈춘 상태, 그것이 바로 선정禪定이다.

바비 존스는 불과 몇 야드 때문에 샷 자체를 망가뜨리는 어리석음을 경계하는 말을 남겼다. "많은 샷들이 스윙의 마지막 순간에 몇 야드라도 더 보내려는 욕심 때문에 망가진다." 바로 이러한 욕심이 샷을 망치는 이유이다.

드라이버 샷이나 숏 아이언 샷은 물론, 벙커 샷이나 퍼팅의 경우도 그렇다. 예를 들어 벙커 샷을 보자. 일단 벙커에서 탈출하는 것을 목표로 삼되, 벙커에 대해서는 최소한의 정보를 갖고 있는 것이 좋다. 어드레스 자세에 들어가기 전에 먼저 모래의 성질, 벙커의 높낮이, 핀과의 거리 등 벙커에 대한 정보를 철저하게 파악해야 한다. 어드레스 자세에 들어가면 목표 방향과 스탠스 등을 정확히 맞춘다. 이렇게 꼼꼼하게 사전점검을 한 뒤에 어드레스에 들어가서는 곧바로 스윙을 하는 것이 좋다. 다른 생각은 필요 없다. 피니시만을 다해준다고 생각하고 샷을 해야 한다. 샷을 하기 전이나 혹은 도중에 쓸데없는 생각을 하거나, 탈출하지 못하면 어떻게 하나 하는 불안한 마음을 가지면 벙커 샷은 실패하기 쉽다.

다시 말하면 아무런 생각 없이 처음 시작한 리듬대로 스윙을 마치면 대개 원하는 거리와 방향이 나오게 마련이다. 자신의 비거리를 너무 의식할 필요도 없다. 스윙을 하던 도중 '좀 더 멀리 치거나 짧게 쳐야지' 하는 생각이 드는 순간, 리듬과 타이밍이 무너지고 스윙이 흐트러지면서 엉뚱한 샷이 나오게 된다. 동반자가 드라이버로 공을 멀리 쳐놓았을 때 자신도 거리를 조금이라도 더 내려고 평소 안 쓰던

동작을 한다든가, 홀까지 50~60미터를 남기고 샌드웨지로 샷을 해야 하는데 아무래도 거리가 짧을 것 같아 힘을 준다는 것이 그만 토핑이 되어 그린을 벗어난 경험을 한 번쯤은 해봤을 것이다.

그린에서 실수를 하게 되는 원인 중 대부분이 순간적으로 자신의 리듬과 타이밍을 잊어버리고 자신의 감각을 의심했을 때이다. 롱 퍼트를 남기고 그 감을 잡기 위해 여러 번 연습 스윙을 했는데도, 실제 퍼트 때는 '못 미칠 것 같다'는 생각 때문에 순간적으로 힘을 더 가하다 거리뿐 아니라 방향마저 나빠지는 경우이다. 상황을 파악해서 클럽을 정하고 방향을 점검했다면, 다른 생각은 멈춰야 한다. 주변을 의식하거나 자신을 믿지 못하는 부정적인 생각은 더욱 더 경계해야 한다.

그렇다면 스윙 하는 동안에 생각을 없애야 하는 이유는 무엇이며, 어떻게 하면 생각을 멈출 수 있을까? 스윙 하는 동안에 일어나는 생각은 대부분 부정적이다. 퍼트를 할 때에는 보통 실패할 것이라는 생각이 먼저 들기 마련인데, 그러다 보면 결과는 예상한 대로 실패로 끝난다. 퍼트뿐만 아니라 다른 모든 샷에서도 예외가 없다. 생각이 많으면 몸과 마음이 일치할 수 없기 때문이다.

생각을 중지하려고 하면 생각을 없애려는 또 하나의 생각이 일어나게 된다. 가장 좋은 방법은 일어나는 생각을 그저 내버려두는 것이다. 간단하게는 자신의 호흡이나 공에 집중함으로써 생각을 멈추는 것이다. 명상수련을 평소에 꾸준히 한다면 생각을 근본적으로 멈출 수 있다.

생각이 많으면 고통도 많다는 말이 있다. 불필요한 생각은 우리의 몸과 마음을 황폐하게 만들 뿐이다. 골프 또한 생각을 멈추는 수련을 통해 즐길 수만 있다면 그보다 더 큰 기쁨이 어디 있겠는가.

자신만의 템포와 리듬을 지켜라

템포와 리듬은 자기만의 골프 방식을 만드는 데 가장 중요한 요소이다. 우리의 신체적 행동 수행에서 구체성과 일관성을 갖는 데 중요한 조건이 되는 템포와 리듬은 사람들의 행동 특성을 나타내기도 한다.

어떠한 일에서든 나름의 템포와 리듬은 있게 마련이며, 특히 골프에서는 이 점이 매우 중요하다. 그런데 이러한 템포와 리듬은 평소의 꾸준한 단련 없이는 터득할 수 없다. 리듬은 내적 경험과 신체적 행동 수행을 이어주는 다리와 같은 것으로, 골프 스윙에서 필수적 요소이다. 심지어 골프는 리듬으로 시작해 리듬으로 끝난다는 말이 있을 정도다.

템포와 리듬은 우리의 일상에서도 발견할 수 있다. 우리를 둘러싼 외부세계뿐 아니라 우리의 내면에는 각기 고유한 템포와 리듬이 존재한다. 그리고 주어진 환경과 동작 그리고 사건에 따라 템포와 리듬이 달라진다. 우리는 매번 다른 템포와 리듬으로 행동을 하고 있다. 즉 음악을 들을 때나 아름다운 풍경을 볼 때는 그 나름의 템포와 리듬이 존재하며, 매번 반복되는 일상의 행동 하나하나에도 각기 다른 템포와 리듬이 존재하게 된다.

생리적 법칙에 따라서 적절한 템포와 리듬은 우리를 산만하게 만드는 요인을 제거하고 주의를 집중하게 만드는 역할을 하기도 한다. 결국 템포와 리듬은 논리적으로 모순이 없는 행동을 하는 데 중요한 역할을 담당한다. 그러나 행동이 논리적이라 할지라도 너무 빠르거나 너무 느릴 경우, 행동의 일관성과 진실성은 소실된다. 행동에서 갈등이 조성되면 리듬 양식에 영향을 미친다. 대상이나 수단이 바뀔 때 리듬은 변화하게 된다. 템포와 리듬은 내적 참여도를 반영하고 행동을 완수하려는 신체의 준비도에 따라 달라진다. 따라서 사람에게는 자신에게 알맞은 리듬이 따로 있다.

아마추어 골퍼들 중에는 라운드가 끝난 뒤 "오늘은 샷을 어떻게 했는지 모르겠어"라고 말하는 사람이 있다. 한 마디로 말하자면, 리듬을 잃어버렸다는 뜻이다. 라운드 중에 리듬 감각이 없어지면 샷을 망치고 만다. 아무리 좋은 자세로 스윙을 하더라도 리듬 감각이 없으면 공을 정확하게 멀리 보낼 수 없다. 결국 골퍼는 알맞은 스윙의 템포와 리듬을 찾아내야 하며, 이를 발견해야 자신의 스윙이 원만하게 이루어졌는지 어떤지를 알 수 있다. 또한 한 라운드 전체에 알맞은 리듬을 발견하는 것도 중요하다. 템포와 리듬은 훌륭한 수행뿐 아니라 골퍼의 감정 조성에도 도움을 주기 때문이다.

골프에서 템포라는 말이 자주 사용되기는 하지만 그 뜻을 명쾌하게 밝혀주는 경우는 매우 드물다. 템포의 사전적 의미로는 행동이나 동작의 속도라고 정의되어 있다. 템포에 맞는 스윙이란 정확히 말하면, 자신의 스윙 형태를 그대로 유지하면서 제어력을 상실하지 않고, 안정되게 클럽을 휘두를 수 있는 적정 속도의 스윙을 뜻한다.

잭 니클로스는 템포를 '클럽을 뒤로 추켜올리는 동작과 타구를 하기 위해 끌어내리는 동작의 속도'라고 정의했다. 스윙의 템포에 대한 연구 자료를 보면, 톱 프로의 경우는 한 번 호흡하는 시간이 약 0.8초로 알려져 있는데, 일반 골퍼인 경우는 자신이 평소에 걷는 속도라고 생각하면 된다. 그러나 성격, 체형, 근력 등 개인의 특성에 따라 차이가 있을 수 있다. 빠른 템포와 느린 템포에는 각기 장단점이 있다. 지나칠 정도로 빠른 스윙 템포는 리듬상의 일관성에 부적합하고, 느린 스윙 템포는 효율적인 스윙 속도를 낼 수가 없다는 단점이 있다. 음악 리듬이 소리의 움직임에서 생겨난다면, 골프 스윙의 리듬은 몸의 근육 운동에서 생겨난다고 할 수 있다. 따라서 리듬의 흐름은 시시각각으로 변하는 듯하면서도 다른 것이다.

흔히 스윙을 천천히 하라고 말하는데, 그렇다고 해서 늦으면 늦을수록 좋은가 하면 그렇지 않다. 적어도 클럽을 휘두를 만한 속도는 필요한 것이다. 극단적으로 느린 백스윙에서는 몸에 힘이 너무 들어가고 스윙 전체의 리듬도 나빠진다. 자기 나름대로의 균형이 유지되는 템포를 찾아내면 되는 것이다. 즉 천천히 스윙 하라는 말의 참다운 의미는 자신의 템포보다 서두르지 않는다는 것을 뜻한다.

이제 클럽을 빨리 휘두르거나 늦게 휘둘러선 안 된다는 이야기가 어떤 기준에 의한 것인지 다소 분명해졌을 것이다. 템포란 말하자면, 백스윙에서 다운스윙으로 매끄러운 방향 전환을 이루기 위해 충분한 시간을 가지고 양손과 양팔을 움직여줄 수 있게끔 해주는 적정 속도라고 할 수 있다. 일단 템포를 확보하게 되면 힘을 최대로 축적했다가 정확한 시간에 풀어놓을 수 있는 충분한 여유가 생기게 된다.

그러면 템포와 리듬이 왜 그렇게 중요한 것일까? 그것은 골퍼가 익힌 스윙의 이상적 형태를 언제나 똑같이 유지하면서 반복적인 스윙을 구사할 수 있도록 해주기 때문이다.

이렇듯 일관성 있는 스윙을 하는 데는 템포가 필수적인

요소이다. 그러므로 스윙의 형태에서 리듬과 템포는 서로 분리할 수 없는 것이라고 할 수 있다. 템포와 리듬을 잃게 되면 스윙의 형태가 변하게 되며, 스윙의 형태가 바뀌었다는 것은 템포나 리듬이 달라졌다는 이야기가 된다. 템포가 흔들리게 되면 양손을 릴렉스 하는 지점이 달라진다. 그렇게 되면, 타격 거리가 일정하지 않게 되고 샷의 정확성이 뚝 떨어지게 된다. 한 마디로 샷의 일관성이 없어지는 것이다.

골프 대회에서 우승자와 다음 순위자 사이에 생기는 격차도 모두 템포와 리듬에 따라 결정되는 것이라고 해도 과언이 아니다. 리듬을 유지하기 위해서는 무엇보다 릴렉스가 필요하다. 음악을 연주할 때 지나치게 긴장하면 결코 악기를 마음대로 연주할 수 없다. 이는 리듬감이 없어진다는 얘기다. 샷을 하기 위한 적당한 긴장감은 필요하지만 리듬감을 잃을 정도의 지나친 긴장은 샷을 그르친다. 거리에 욕심을 내거나 온 그린을 시키려는 중압감, 압박감은 좋지 않다.

골퍼들은 자신의 리듬을 가져야 한다. 단지 골프 스윙뿐만 아니라 골프 인생, 더 나아가 전 생애에 걸쳐 자신에게 잘 맞는 리듬을 가져야 한다.

좋은 루틴에서 좋은 스윙이 나온다

흔히, 골프를 자기 자신과의 싸움이라고 말한다. 이 말의 속뜻을 잘 해석하면, 골프 경기에서 모든 선수들의 행위는 100% 자신의 통제와 책임하에 있으며, 기술의 성공 여부가 전적으로 자신에게 달려 있다는 것이다. 야구, 테니스, 농구, 축구 등 상대의 기술에 따라 자신의 기술이나 동작이 결정되는 경기와는 달리, 골프는 골퍼가 자신의 기술과 동작을 미리 결정해두면 경기에 임했을 때 실행에 대한 확신을 가질 수 있다.

따라서 자기 자신만의 '루틴'을 개발해 컴퓨터의 프로그램과 같이 자동적으로 수행되도록 해야 한다. 결국 루틴이라는 습관화된 행동은 집중력을 향상시켜 수행을 성공으로 이끄는 한 방법인 것이다. 골프를 잘 치려면 좋은 '루틴'이 몸에 배야 한다. '루틴'이란 스윙을 시작하기 직전까지의 일련의 순서 또는 절차, 즉 과정을 의미한다. 그러므로 좋은 스윙은 좋은 루틴에서 나올 수밖에 없다. 육체적으로나 정신적으로 언제나 똑같은 루틴은, 골퍼에게 최상의 준비가 될 수 있는 것이다.

　1998년 미국 PGA챔피언십에서 타이거 우즈가 우승했을 당시, 그린에서 그가 취한 루틴 장면은 지금도 기억 속에 선명하게 남아 있다. 대부분 유명 프로 골퍼들은 독특한 루틴을 가지고 있다. 톰 카이트는 목표를 세 번 쳐다보고 왜글waggle을 하는데, 치기 전에 클럽을 공 위에서 세 번 흔들기를 하고 스윙 한다. 닉 프라이스는 왼쪽 머리에 눈이 하나 더 있다고 생각하고 어드레스 때 목표만을 생각한다. 어드레스 때 두 눈은 공을 쳐다보고 있지만 머릿속으로는 목표를 본다는 의미이다. 데이비드 러브 3세는 왜글을 두 번 한다. 그들은 샷을 할 때마다 이 같은 루틴을 똑같이 반복한다. 그러면서 머릿속으로는 자신이 생각한 대로 공이 날아갈 것이라고 믿고 있다.

　일관성 있는 스윙을 하려면 스윙 하기 전의 루틴이 일정해야 한다. 완벽한 준비는 완벽한 통제력을 가질 수 있는 유일한 수단인 것이다. 어떤 스포츠에서나 일관된 실행을 위해서는 자신의 몸뿐만 아니라 마음을 준비하는 자세가 필요하다.

골퍼가 공 뒤에 서서 페어웨이를 내려다볼 때는 자신이 원하는 결과를 얻기 위해 '준비'라는 시간을 가질 때다. 대부분의 골퍼들은 공이 올라가 있는 페어웨이를 대충 내려다보고, 그 다음 하고자 하는 것을 기억해내려고 하면서 자세를 잡는 순간, 긴장한다. 하지만 이때를 조심해야 한다. 여러 가지 생각들과 고투하는 시간으로 보내지 말고 오로지 한 가지 목표로 마음을 다지는 순간으로 삼아야 한다.

마음을 끄는 영화나 연극을 볼 때는 자연스럽게 우리의 정신이 집중하게 된다. 골프에서도 똑같다. 일관성을 갖고 전략에 집중할 수 있을 때 목표가 달성된다. 골퍼 자신이 일관된 프리샷 루틴을 가지고 있으면 샷에 주의가 집중될 것이다. 이렇게 집중하게 되면 외부 환경에 초연해져 마음이 산란해지지 않는다. 그리고 마음속에 부정적인 생각들이 생길 여지가 없어진다. 루틴의 끝에 오면 목표를 향해 골프 클럽을 스윙 하고 싶다는 생각만이 머물게 된다.

정신적이거나 육체적인 루틴은 모든 스포츠에서 운동선수가 자신의 최상 수행을 준비하기 위한 단계로서 사용된다. 그것은 운동선수가 순간에 집중하게 하며, 결과에 대한 두려움으로부터 멀어지게 한다. 루틴은 무의식 상태에서 실행할 준비가 되었다는 하나의 신호이다. 체조 선수들, 빙상 선수들 또는 다이빙 선수들이 복잡한 동작을 실행하는 것을 보게 되는데, 그들은 자신들의 행동에 대해 특별하게 생각하지 않는다. 그러한 동작들은 자신만이 갖고 있는 하나의 전략일 뿐이다. 체조 선수들은 한 가지 동작을 여러 번 연습해 습관화되도록 한다. 하나의 동작은 다음 동작을 이끌어내기 위한 동작이며, 그러한 동작이 이어져서 연속동작을 만들어낸다.

루틴은 골퍼 자신의 뇌에 공을 원하는 곳으로 보낼 수 있는 방향 신호를 주는 지도와 같다. 그런데 골프 코스에서 자신만의 스윙을 잃어버렸을 때는, 지도로부터 빗나가 공이 다른 방향으로 가 있고, 다른 결과를 얻고 있기 때문에 굳이 루틴에 돌아갈 필요를 못 느끼게 된다. 이러한 일탈의 원인은 상황의 위협, 실패에 대한 두려움, 플레이에 대한 좌절, 기후 등의 조건, 실행 또는 점수에 관한 걱정들 때문이다. 루틴의 초점은 목적지를 향하는 방향에 있는 것이 아니라 자신에게 있다는 것을 알아야 한다.

프리샷 루틴은 그저 공의 뒤에 서 있는 당신을 치려고 하는 공 위로 옮겨놓는 스텝이라고 생각하면 된다. 집중하고 있을 때는 아무런 생각도 하지 않게 된다. 완전히 루틴화된 과정에 열중하는 것이다.

첫 번째 스텝은 목표를 보면서 공 뒤에 서 있는 동안 생겨나는 의식적인 마음으로부터 시작된다. 의식적인 마음은 어떤 클럽을 사용할 것인가 하는 문제를 생각하고, 판단할 수 있고, 분석할 수 있고, 해결할 수 있다. 클럽을 선정했다면, 자신의 샷을 위한 완전한 클럽이라고 의무적으로 생각한다. 골프 스윙의 전체 루틴은, 보고 느끼고 믿고 무의식적으로 스윙 하는 것이다.

먼저, 공의 뒤에서 목표를 보면서 샷을 심상하거나 과거에 실행했던 샷을 상기해본다. 그 다음, 연습 스윙으로 스윙을 느끼고 마음속에서는 어떻게 느끼는지 감지하라. 목표를 향해 공을 날려 보내는 경험을 보다 분명하고 세부적으로 이미지화시켜야 한다. 이미지가 분명할수록 보다 강력한 지시나 방향이 뇌에 보내진다.

그 다음 결정적으로 마음이 준비되면, 이제 신체적 준비를 한다. 정신적 준비 다음으로 정렬은 가장 중요한 단계이다. 목표를 향해 잘 정렬하지 못하면 좋은 결과를 기대할 수 없다. 이 단계는 골프 기본, 즉 그립, 스탠스, 자세, 정렬 등을 포함한다. 완전한 정렬은 공 앞 목표 선상에 있는 중간 목표를 선정함으로써 달성된다.

프리샷 루틴의 다음 단계는 뇌를 자동습관 기능으로 전환하는 것이다. 골퍼들은 뇌의 분석적이고, 논리적이고, 생각하는 부분의 스위치를 끄고 무의식적으로 스윙을 하면 목적지에 도달할 수 있다는 것을 신뢰해야 한다. 긴장의 이완은 생각하는 뇌의 스위치를 끄는 키워드다. 심호흡으로 근육들을 풀고 편안하게 생각하면서 목표에 집중하고, 마음의 눈으로 목표를 그려본다.

단지 스윙 하기 전에 바라는 스윙에 '불길을 당길' 스윙 키를 활성화시켜야 한다. 스윙 키라는 말이나 느낌은 연습했을 때 느끼는 특별한 스윙과 결합된 감각이다. 예를 들면, 벙커 샷에서 바운스라는 말을 사용하면서 느끼고 있는 감각과 같다. 프리샷 루틴에서 바운스를 말하면 벙커 샷 이미지는 무의식에서 활성화된다.

루틴의 마지막 단계에 오면, 골퍼는 완전히 루틴의 과정에 몰입하게 된다. 그러면 실제로 골프 클럽을 흔들고 싶은 느낌을 가지게 된다. 클럽 선택에 대한 결심이 확고하게 서면, 자신의 리듬으로 의식적인 생각에서 무의식의 프로그램으로 옮겨간다.

 결론적으로 말하자면, 골프 스윙에서 요구되는 일관된 샷을 하기 위해 골퍼들은 각자의 특성에 맞는 육체적·정신적 루틴을 가지고, 신체와 정신을 조화시켜야 가장 부드럽고, 쉽게 골프 스윙을 할 수 있다.

지나친 기대를 버려라

큰 기대를 하지 않거나 주목을 받지 못하던 선수가 경기에서 좋은 성과를 거두는 일이 자주 있다. 실제로 우리는 세계적인 골프 경기에서 기적 같은 일을 자주 보게 된다. 이유야 여러 가지가 있겠으나, 대부분은 선수 자신이 기대를 크게 하지 않았기 때문에 배짱으로 경기를 한 결과이다.

우리는 여기서 기대라는 것을 한번 생각해볼 필요가 있다. 기대이론은 빅터 브룸Victor Vroom이 주장한 동기부여 이론으로, 간단히 요약하면 자기가 기울이고 있는 노력이 자기 자신의 개인적 목표를 만족시킬 수 있다고 생각할 때에만 비로소 최선을 다해 열심히 노력하게 된다는 것이다. 하지만 실제로는 골프 경기에서 우승에 대한 기대는 동기를 부여하는 측면에서는 필요하지만, 지나친 기대는 불안을 조성해 샷을 망치는 경우가 많다.

제84차 PGA 대회에서 무명의 리치 빔이 우승한 일을 기억할 것이다. 당시 AP통신은 2002년 8월 18일 오후 헤이즐틴 내셔널 골프 클럽에서 역사적인 일이 일어났다고 보도했다. 즉 무명의 리치 빔이 타이거 우즈를 물리치고 PGA 챔피언이 되었다고 전했다.

오랫동안 무명선수로 남아 있던 리치 빔에게 메이저대회 PGA 챔피언십 왕관을 안겨준 요인은 무엇보다 두둑한 배짱이었다. 메이저대회의 최종일 챔피언 조에서 플레이를 하는 것은 보통 강심장이 아니면 심리적으로 위축되기 마련인데, 빔은 오히려 펄펄 날았다. 동반자는 이미 브리티시오픈을 한 차례 제패했고 '제5의 메이저대회'라는 플레이어스 챔피언십 우승 경력도 있는 저스틴 레너드였고, 더구나 웬만한 정상급 선수들도 오금이 저린다는 타이거 우즈가 바짝 뒤를 쫓고 있는 상황이었다. 리치 빔의 드라이버 티샷이 어김없이 페어웨이 한가운데를 가르고, 아이언 샷이 핀을 향해 날아간 것도 그가 전혀 심리적으로 흔들리지 않고 자신감 있는 스윙을 했기 때문이었다.

리치 빔의 이러한 배짱과 자신감 있는 스윙이 어디서 나왔을까? 우승을 차지한 후 가진 인터뷰에서 그는 이렇게 소감을 밝혔다. "나는 크게 기대를 하지 않았다. 나는 우즈처럼 우승후보로 거론되는 사람들 중의 한 사람도 아니었다." 사실 리치 빔의 우승은 본인 스스로 기대하지 않음으로써 이루어진 것이다. 한 마디로 우승에 대한 기대를 하지 않았기 때문에 필요 이상의 불안한 마음이 생기지 않아 자신 있게 경기에 임할 수 있었던 것이다.

일반적으로 볼 때, 우리 인간은 '나'라는 자아를 버리지 못해서 몸과 마음에 언제라도 불안한 생각이 엄습하기 마련이다. 경기를 할 때 '나'는 어떻게 되어야지 하는 기대를 하게 되고, 이를 위해 '나'는 어떻게 해야 한다는 생각에서 벗어날 수가 없다. 그래서 경기를 할 때 언제나 불안한 상태가 되는 것이다.

라운드 중에 불안한 마음이 생기면, 이때는 불안한 마음을 있는 그대로 편하게 보라. 불안한 마음을 단지 불안한 마음으로 보려고 해야 한다. 불안한 마음은 나쁜 것도 아니고 좋은 것도 아니다. 단지 그만한 조건과 원인으로 생겨난 마음의 풍경이다. 그래서 없애거나 안 나타나기를 바라는 마음이 없어야 한다. 마음을 훌륭한 샷이나 우승이라는 바깥 대상에 두지 말고, 관심을 거둬야 한다. 특히 골프 경기에서는 우승을 해 인정받겠다는 생각이 불안감을 두텁게 만든다. 단지 여유를 갖고 경기를 할 수 있으면 되는데 말이다.

지나친 기대는 항상 결과만 생각하기 때문에 생긴다. 과정이 결과보다 더 중요하다는 것을 잘 알면서도 실제 상황에 처하게 되면 결과에 대한 미련을 떨쳐버리기 힘들다. 그 결과는 타인의 평가일 수도 있고, 자신의 만족감일 수도 있다. 골프에서는 훌륭한 샷이었다는 평가, 상대방을 이겼을 때 얻게 되는 만족감 등이 바라는 결과이다.

하지만 과정을 중요하게 생각해야 새로운 길이 열린다. 모든 일의 문제는 성과를 내놓아야 한다는 강박관념과 기다리지 못하는 조급함에서 비롯된다. 아무리 급해도 실을 바늘 허리에 매어서는 못 쓰듯이, 일에는 순서가 있고 경중이 있다. 우리에게는 충실히 과제를 수행하고 차분히 결과를 기다리는 지혜가 필요하다.

결과에 대한 기대도 버려라

골프에서는 결과에 너무 집착하지 말아야 한다. 아니 결과에 대한 기대를 하지 않아야 한다. 골프 선수들에게 최상의 수행을 했을 때 무슨 생각을 했는지를 물으면 대부분 "아무런 생각 없이 그저 본능적으로 행동했다"고 말한다. 이는 결과에 대해서는 생각하지 않았다는 뜻이다. 결과에 대한 기대를 버렸을 때, 바라는 결과를 얻을 확률이 높아진다는 것이다. 결과에 대한 기대를 버리고 자신을 믿고 집중하면 모든 일이 순조롭게 이루어진다.

캐시 휘트워스는 1960년대 말에서 1970년대, 메이저대회에서 대활약을 펼쳤다. 메이저대회 6승을 비롯해 통산

88번의 투어대회에서 우승을 한 선수로, 역대 여자 프로 골퍼 중에서 가장 훌륭한 선수 중 한 사람이라고 손꼽을 수 있다. 이러한 휘트워스도 4피트 거리의 퍼트를 놓쳐 첫 번째 LPGA 타이틀을 놓친 적이 있다. 경기가 끝난 후 그녀는 "결과를 생각하지 말고 집중했어야 했다"고 말했다. 승패를 결정하는 중요한 퍼트라는 의식이 강해 실수를 하고 만 것이다. 이러한 의식은 불안을 불러오고 소극적으로 행동하게 만든다.

골프 경기 중에 샷의 결과나 라운드의 최종 결과에 대해 너무 많이 생각하지는 않는가? 결과에 대한 생각, 즉 집착은 주의 산만과 집중력 저하를 불러온다. 골프에서 매순간의 과제에 집중하라는 말을 여러 번 들었을 것이다. 골프 경기에서는 이러한 과정지향적 접근이 좋은 결과를 가져온다. 결과에 대한 우려는 긴장을 유발한다. 단지 생각을 과정에 두면 샷이나 퍼트가 자동적으로 이루어지지만 결과를 생각하면 긴장해서 행동이 정상적으로 되지 않는다.

우리가 잘 알고 있는 대표적인 결과지향적인 말로, "모로 가도 서울만 가면 된다"는 말이 있다. 그러나 모로 가면 절대 못 가는 것이 골프이다. 골프는 결과지향적이 아니라 과정지향적이기 때문이다. 누구나 결과로부터 초연해지기가 쉽지는 않다. 결과를 생각하지 않고 행동하는 것 또한 쉽지 않다. 사람은 관성적으로 결과에 대한 두려움을 갖기 마련이라 꾸준한 마음수련이 필요하다.

그래서 라운드 중에 매순간 깨어 있기를 권한다. 매순간 깨어 있지 않으면 죽은 것과 마찬가지다. 깨어 있다는 것은 지금 하고 있는 행동을 알아차리고 있다는 뜻이다. 지금 이 순간에 완전히 깨어 있다면 샷이나 라운드의 결과에 대한 어떠한 생각도 들지 않게 된다. 깨어 있음의 본질은 지금 하려는 일에 완전히 집중하는 것이다.

자기 과신은 금물이다

탈무드에 "이 세상에서 가장 가엾고 불행한 사람은 자기 자신에 취해 자기만 의식하는 사람"이라는 구절이 있다. 이런 사람은 매사에 지나치게 자기중심적으로 판단하기 때문에 자기가 알고 있는 것이 완전하지 않다는 것을 간과한 채 잘못된 의사결정을 하기 쉽다. 특히 스포츠에서는 자기중심적인 생각에서 나오는 자기 과신은 금물이라고 경고한다.

골퍼들은 대체로 자기를 과신하는 경향이 있다. 핸디캡이 높거나 낮거나 대다수의 아마추어 골퍼는 자기 과신에 빠져 있다. 자신은 언제나 멋진 샷을 날릴 수 있다고 과신하며, 이것이 착각의 주요 원인이 된다. 라운드가 끝난 후 스코어카드를 보고 '이럴 리가 없는데…'라고 한탄하는 것이다. 세계적인 골퍼인 벤 호건은 공이 가장 잘 맞는다고 느꼈던 대회에서조차 4라운드 내내 완벽한 샷은 단 네 개밖에 없었다고 고백한 적이 있다. 이와 같이 골프에서 샷이란 매우 어려운 것인데, 보통은 멋진 샷을 언제든 할 수 있다고 과신한다.

골퍼들은 자신의 기량이나 실력을 과신한 나머지 많은 실수를 한다. 티샷 한 공이 숲 속으로 들어가 그곳에서 바로 그린에 올릴 수 없는데도 모험을 해 큰 화를 자초하기도 하고, 그린 앞뒤 좌우에 큰 위험(벙커 등)이 있는데도 무리하게 바로 공략해 경기를 망치는 경우가 많다.

1961년 마스터즈 최종 라운드에서 한 타를 이기고 있던 아놀드 파머가 우승을 놓친 이야기는 유명하다. 당시 아놀드 파머는 훌륭한 티샷을 하고 자신의 공이 있는 곳에 갔을 때 갤러리 사이에서 친구를 발견했다. 축하한다고 인사하는 친구와 악수를 하고 두 번째 샷을 했다. 그런데 이 두 번째 샷을 한 공이 벙커에 들어갔고, 다음에는 그린 에지로 가고, 마지막으로 퍼팅 미스로 이어지면서 경기는 끝났다. 이때 아놀드 파머는 정신집중이 되지 않았다고 했지만, 이는 분명히 친구를 의식한 자기 과시의 결과였다. 이처럼 우리는 자신을 과시하고 싶어 하는 경향이 있다. 과시도 골퍼가 반드시 경계해야 할 것 중 하나다.

골프에서 자기 과시가 어떤 결과를 가져오는지 극적으로 보여주는 한 편의 영화가 있다. 케빈 코스트너가 주연한 〈틴 컵TIN CUP〉이라는 영화가 바로 그것이다. 텍사스 시골의 골프 강사인 주인공이 레슨을 받기 위해 찾아온 정신과 여의사의 마음을 얻기 위해 골프의 그랜드슬램인 US오픈에 출전하게 된다는 스토리다. 최종 라운드의 마지막 홀에서 안전하게 공략하면 우승을 할 수 있는 상황인데도 주인공은

250야드 떨어진 해저드를 넘기는 샷을 시도한다. 그는 할 수 있다고 자신했지만 결국 골프백에 있는 마지막 공이 나올 때까지 샷을 해 물에 빠뜨리고 만다.

골프에서 자신감은 큰 자산이지만 과신은 골프를 망치는 원인이 된다. 이 말은 샷을 잘할 수 있다고 확신은 가지되, 성공 확률이 낮은 무모한 샷은 하지 말라는 뜻이다. 무모한 골퍼는 파4홀이면 무조건 드라이버를 잡고, 두 번째 샷은 역시 무조건 핀을 겨냥한다. 이렇게 하면 때때로 버디를 할 수 있으나, 대개의 경우 보기 이상을 치게 된다. 샷을 하기 전에는 실행 가능성과 필연성을 정확하게 파악해야 한다. 실행할 필요가 없으면 모험을 하지 말아야 한다.

골프에서 자기 과신은 자신의 능력과 실력을 과대평가하는 데서 나타나지만, 코스에 대한 정확한 정보 부족으로 잘못된 의사결정을 하는 데도 그 원인이 있다. 따라서 훌륭한 골프를 위해서는 자신의 기량에 맞게 그날의 신체적 조건도 감안해 목표를 설정하고 샷을 해야 한다. 거리, 방향, 페어웨이의 상태 등은 필수적인 정보다. 그린을 공략할 때 경사와 빠르기를 잘 알아야 하는 건 두말할 필요도 없다.

골퍼들에게 자기 과신은 압력을 가하면 터지고 마는 풍선과 같다. 스스로를 과신하는 사람이 맨 먼저 무너진다는 말을 명심해야 한다. 확신은 골프에서 큰 강점이지만 과신은 골프를 망치게 한다.

욕심을 버려야 멀리 나간다

'욕심을 버려라'라는 말만큼 우리 인생에서 중요한 가르침도 없는 것 같다. 그만큼 많이 듣기도 하고, 하기도 하는 말이다. 과한 욕심은 몸과 마음을 해치고, 세상살이를 고달프게 할 뿐이다. 골프를 할 때도 마찬가지이다. 경기를 잘해내고 있던 선수가 지나친 욕심으로 일순간에 벼랑 끝으로 떨어지는 경우를 우리는 자주 볼 수 있다. 특히 상황이야 어떠하든 좋은 결과만을 얻으려는 욕심은 화근禍根이 될 수밖에 없다.

골프라는 운동은 정지해 있는 공을 쳐서 날려 보내면 되는 것이다. 문제는 거리와 방향성이다. 그런데 여기서 우리는 멀리 보내고 정확히 핀에 붙이려고 신경을 쓰기 때문에 문제가 발생한다. 한 마디로 욕심을 낸다는 것이다. 골프는 인간의 욕망과 정반대의 성격을 가진 운동이다. 욕심을 버리고 편안한 마음을 가져야 자연스러운 몸짓이 나오고 좋은 결과를 가져온다.

골퍼들은 드라이브 티샷을 보다 멀리 보내려고 한다. 소위 비거리飛距離에 대해 신경을 쓰게 된다는 말이다. 그러나 이러한 욕심을 버려야 한다. 왜냐하면 다른 사람들보다 좀 더 멀리 보내야 한다는 강박관념이 골퍼의 몸에 힘이 들어가게 하기 때문이다. 골프 스윙이 가장 잘 나오는 자세는 어깨와 손목의 힘을 뺀 상태에서 나온다. 그래서 골프에서 비거리는 '힘의 사용'이 아니라 '힘의 포기'에 달려 있다는 말이 있다. 멀리 보내겠다는 욕심 때문에 손목과 어깨에 힘을 주어 스윙 하면 틀림없이 공은 바깥쪽이든 안쪽이든 휘어져 날아가게 되어 거리의 손실이 크게 된다.

또한 그린 주변에서 어프로치 샷이나 벙커 샷을 할 때 공을 핀에 가까이 붙이려는 욕심을 낸다. 좋은 결과를 얻기 위해 샷을 너무 의도적으로 만들려고 하지만 결과는 기대에 미치지 못하는 경우가 대부분이다. 심지어는 치명적인 결과를 얻기도 한다. 이 또한 자연스러운 동작을 할 수 없어서 일어나는 현상이다.

  욕심을 내게 되면 마음에 조급함이 생긴다. 조급함이 생기면 정말로 중요한 것이 무엇인지 잊기가 쉽다. 골프 기술을 연마할 때나 실제 경기를 하는 경우에도 조급하게 생각하지 말아야 한다. 어느 누구나 여유를 가지고 플레이를 하겠다는 마음으로 경기에 임하지만, 처음의 마음가짐을 끝까지 간직하기가 어렵고 라운드 중에 여러 가지 이유로 조급해지기 쉽다. 이런 조급함은 바로 욕심에서 나오며, 조급함에는 항상 실수가 따라다닌다.

  그러므로 욕심이나 조급함을 버리고 조금은 여유로운 마음으로 경기에 임해야 골프가 한결 더 좋아진다. 김미현 선수는 2004년 미국 LPGA 투어 숍라이트 클래식에서 합계 9언더파 204타로 공동 4위에 올랐다. 당시 김미현 선수는 선두에 5타 뒤진 채 마지막 라운드에 들어갔다. 처음에는 김미현 선수의 역전 우승이 힘든 상황이었으나 3번 홀(파5)에서 이글을 잡아내는 등 전반 9홀에서만 4타를 줄여 우승 가능권에 접근했다. 하지만 후반 들어 세 개의 보기를 범하며 스스로 무너졌다. 될 듯 될 듯하면서도 안 되는 우승에 대한 갈증이 후반 들어 김미현 선수를 조급하게 만든 결과였다.

또 다른 예로 2004년 10월, 미국 LPGA 투어 삼성월드챔피언십 최종 라운드에서 소렌스탐 등에 3타 앞선 단독선두로 경기에 나선 박지은 선수는 2번 홀 보기에 3번 홀 버디, 4번 홀 더블보기로 2타를 잃었다. 이는 조급하게 승기를 잡으려다 그린을 놓치면서 위기를 자초한 것이라는 지적이다. 반면 추격을 벌여야 했던 소렌스탐 선수는 오히려 서두르는 법이 없었다. 이날 소렌스탐 선수는 보기 없이 버디 세 개와 이글 한 개로 5타를 줄여 우승컵을 안았다.

욕심을 경계해야 한다는 교훈은 비단 골퍼에게만 해당하는 것은 아니다. 우리의 일이나 세상살이에도 모두 해당하는 이야기이다. 일본의 유명한 배우 하세가와 가즈오는 자신의 연기에 대해서 이렇게 회고한다. "관객이 깜짝 놀라고 비평가의 입이 딱 벌어지게 하려는 욕심으로 연기를 할 때는 연기가 제대로 되지 않았는데, 나이가 들어 관객을 즐겁게 하겠다는 것조차 생각되지 않는 경지, 즉 무無에 도달한

후에야 주위의 평가에 아무런 구애를 받지 않게 되었다. 그
랬더니 오히려 연기가 훌륭하다는 평을 받게 되었다." 그는
연기를 할 때, 잘하고 못하고는 생각하지 않았다고 한다. 그
것은 둘째 문제였다. 배우라면 누구에게나 보여주려는 욕심
이 있기 마련인데, 그는 잘하고 못하고를 초월한 것이다.

 골프는 욕심에 대한 자제력의 싸움이라고 한다. 이는 완
전히 욕심을 가진 자기와의 싸움이다. 이기려는 마음으로
골프 경기를 하는 것이 틀림없지만 승부에 과도한 욕심을
내면 좋은 결과를 기대할 수 없다. 승부에 욕심을 내지 않
는 경지에 이르러야 실력을 충분히 발휘할 수 있는 것이다.
일단 경기에 임하면 잘하고 못하고의 문제를 떠나야 진정한
고수가 되는 것이다.

과거를 잊고 현재를 지켜라

우리는 과거를 잊어야 한다는 뜻으로 과거를 돌아오지 않는
강으로 비유하곤 한다. 만일 과거에 붙잡혀 산다면 만족스

러운 생활을 할 수 없다. 그래서 일찍이 석가모니는 "지나간 과거에 매달리지도 말고 오지도 않은 미래를 기다리지도 말며, 오직 현재의 한 생각만을 굳게 지키라"고 가르쳤다. 여기서 과거에 매달리지 말라는 말은 우리 골퍼들이 라운드를 할 때에도 반드시 마음에 담아두어야 할 말이다.

골프에서 실수 없는 라운드를 한다는 것은 거의 있을 수 없는 일이다. 이런 엄연한 골프의 본질을 알면서도 수많은 골퍼들은 미스 샷이 나오면 낙심하고 화를 내거나 또는 절망한다. 그러나 문제는 실수 그 자체보다는 여러 가지 후유증에 있다. 지나간 실수에 매달려 그 다음 샷은 물론, 심지어 그날 라운드 전체까지도 망쳐버리는 경우가 많다. 실수가 나오면 '나뿐만 아니라 다른 사람도 실수를 한다'고 생각하고 실수를 인정하고 받아들여야 한다. 그리고 곧바로 마음속에서 그 지나간 실수를 지워버려야만 다음 샷에 집중할 수 있다.

2001년 6월 US오픈골프대회에서 남아공의 레티프 구센이 최종 라운드에서 2피트짜리 챔피언 퍼팅을 실패해 다음 날 18홀 연장전을 치르고서야 마크 브룩스 선수를 2타 차로 누르고 우승했다. 우승을 한 후에 구센은 몇 년간 그의 코치로 있는 스포츠 심리학자 조스 Jos Vanstiphout의 '지난 일을 잊어라'는 충고를 받아들였기 때문에 전날 최종 라운드의 불상사를 극복할 수 있었다고 했다. 조스는 연장전이 열리기 전날 밤 호텔에서 구센에게 좋은 생각만을 하고 지난 일을 잊도록 조언을 했던 것이다. 이때 조스는 구센에게 "내일은 완전히 새로운 날이며, 오늘은 결코 다시 돌아오지 않는다"고 말했다. 조스의 조언을 받아들인 구센은 기자들과의 인터뷰에서도 밝혔듯이 연장전을 치르는 동안 전날의 퍼팅을 생각한 적이 한 번도 없었다고 한다.

골퍼들은 대개 실수를 잘 수용하지 못하는 경향이 있다. 그래서 실수를 하면 흥분하거나 화를 내는데, 실수에는 연쇄 작용이 있어서 다시 또 다른 실수를 불러온다. 이와 같은 현상은 퍼팅, 벙커 샷, 숏 게임 그리고 롱 게임까지 어디서나 마찬가지로 일어난다. 그래서 현재의 상황이 어떠하든 간에, 불행하게도 과거의 실수에 대한 기억으로부터 자신이 원하는 샷보다 피하고 싶은 부정적인 샷을 머릿속에 자주 떠올리게 된다. '제발 쓰리 퍼트가 되지 않기를…', '제발 슬라이스나 훅이 나지 않기를…' 등과 같은 생각을 하게 되는 것이다. 문제는 부정적인 생각은 부정적인 결과를 낳는다는 것에 있다. 즉 부정적으로 생각하면 그것은 부정적인 샷을 하도록 스스로에게 명령을 내리는 것이나 마찬가지이기 때문에 항상 긍정적으로 생각하라는 것이다.

공이 홀 컵에 떨어지는 퍼팅을 생각하라. 공이 페어웨이에 잘 떨어진다고 생각하라. 그리고 모든 트러블을 머릿속에서 지워버려라. 퍼팅이 홀 컵의 왼쪽으로 지나갈 것 같다고 생각하면 공이 왼쪽으로 지나가는 결과를 가져오게 된다. 앞에 있는 벙커에 공이 빠질 것 같다고 생각하게 되면 거의 틀림없이 공은 벙커에 떨어진다. 그러므로 긍정적으로 생각하라. 언제나 좋은 샷만을 생각해야지 잘못된 샷을 생각해서는 안 된다.

많은 골퍼들이 미스 샷을 한 후에 화를 내면서 자책한다. 화를 내는 행위는 한순간일 수 있지만 자신의 미스 샷에 대해 스스로 책임을 추궁하고 있는 것이나 마찬가지이기 때문에 마음속에 부담으로 작용하게 된다. 끊임없이 지나간 샷을 곱씹게 된다. 많은 골퍼들이 미스 샷에 대해 화를 낸 후에 부정적인 영향을 받는 것은 바로 이러한 감정의 연쇄작용 때문이다. 오히려 미스 샷이 났을 때는 화를 내기보다는 깊게 심호흡을 하고, 클럽을 천천히 꽉 쥐도록 해보자. 깊게 숨을 쉬면서 실수에 대한 기억을 날려 보내고, 클럽을 꽉 쥐는 행위를 통해 마음의 중심을 바로잡도록 하는 것이다. 사실 지나간 샷, 특히 미스 샷을 잊어버리기란 말로는 쉬우나 행동으로 옮기기는 매우 어렵다. 세계적인 선수들도 그렇게 되기 위해 많은 세월을 보냈다고 말하고 있다. 과거를 버리는 한 가지 효과적인 방법으로는 프리샷 루틴을 통해 현재에 집중하는 것이다. 이렇게 하면 미스 샷으로부터 한결 자유로워질 수 있다.

불안은 그대로 받아들여라

혹시 어떤 상황이 닥쳤을 때, 가슴이 두근거리고, 조마조마해지면서 손에 땀이 나거나, 갑자기 눈앞이 캄캄해진 경우가 있는가? 이러한 현상은 우리의 마음이 불안해졌을 때 나타나는 것으로, 불안은 우리의 행동을 억제하는 정서적 장애가 된다.

　연습장을 떠나 필드에서 라운드를 펼치게 되면 누구나 여러 가지 상황적인 이유로 불안감을 느끼는 경우가 많다. 연습장이 아니라 필드라는 환경도 불안감을 불러일으키지만, 골퍼의 불안감을 자극하는 상황은 나열하자면 끝이 없다. 첫 홀에서 첫 티샷을 한다든지, 관중이 많다든지, 아니면 버디를 잡을 기회라든지, 심지어 항상 끼던 장갑을 안 가져와서 다른 장갑을 낄 수밖에 없는 사소한 상황조차도 불안을 불러일으킨다. 골퍼가 불안감을 느끼는 상황은 대단한 상황이 아니다. 어쩌면 경기에 임하는 것 자체가 불안의 원인일 수 있다.

　하지만 중요한 것은 한 번 발생한 불안은 태풍처럼 커져서 골퍼의 샷을 위협한다는 것이다. 불안의 원인이 무엇이든 간에, 불안감에 휩싸이게 되면 객관적으로는 위협적인 상황이 아니더라도 주관적으로 위협적인 상황으로 지각하게 되고, 그 결과 자율신경계가 작동함으로써 각종 불안 증상이 나타나게 된다. 그리고 그러한 불안 증상들은 직접이든 간접이든 경기 수행의 효율성을 떨어뜨린다.

사실 골퍼에게 가장 직접적으로 위협이 되는 생각은 경기에서 자신의 기량이 부족하지는 않은지, 경기에서 지지는 않을까 하는 실패 공포이다. 그 다음으로 불안을 느끼는 큰 원인이 되는 상황적 요인은 신체적인 불만 요소이다. 이러한 요인은 사실상 불안의 결과이기도 하고, 역으로 불안의 원인 요소이기도 하다. 경기에 나선 골퍼는 어떤 이유에서든 불안해지면 각종 신체적인 증상이 나타난다. 목이 뻣뻣해진다든지, 손발이나 온몸에 땀이 난다든지, 토할 것 같은 느낌이 생긴다든지, 귀에서 소리가 난다든지, 또는 화장실에 자꾸 가고 싶다든지 하는 등의 신체적·생리적 증상을 동반한다. 이러한 증상은 평상시에는 느껴지지 않는 이상 현상이기 때문에 이로 인해 또다시 불안해지게 되는 것이다.

골퍼가 느끼는 불안의 원인이 되는 또 다른 상황적 요소는 '부적합함'이다. 늘 사용해온 클럽이 갑자기 손에 맞지 않는다고 느낀다든지, 컨디션이 좋지 않은 느낌이 들든지, 집중이 잘 안 된다든지, 몸이 축 처지거나 괜히 피곤하다고 느낀다든지, 무언가 찜찜하고 안절부절못하겠다든지 등의 낯선 느낌은 골퍼에게 큰 불안의 원인이 된다. 또 다른 불안의 요인으로는 소위 통제 상실이라는 것이 있다. 골프 선수의 경우, 경기에 들어가기 전에 많은 사람들의 격려와 박수 등을 받을 수 있다. 이는 한편으로는 격려가 되는 요소이기도 하지만 골퍼가 경기에 집중, 몰두하지 못하게 만드는 불안의 원인이 되기도 한다.

사실 우리가 무슨 일을 하든지 불안, 근심, 걱정이라는 정신적 장애는 생기기 마련이다. 그래서 일찍이 불교에서는 이러한 장애를 '단지 바라보면 사라진다'고 가르치고 있다. 이는 '불안을 적대시하지 말고 있는 그대로 받아들이라'는 것이다. 일본의 지케이의대 정신과의 모리타 마사우마 교수는 이러한 원리를 바탕으로 '모리타 요법'을 창안했다. 1950년경부터 정신치료에 널리 보급되고 있는 모리타 요법은 환자가 보이는 증상의 발생기전을 불문에 붙여두고, 증상이 '있는 그대로'의 상태에서 마음의 평온을 찾게 하는 방법이다.

이제까지 불안을 극복하는 우리의 기본 생각은 불안과 갈등의 원인을 분석하고 그것이 우리에게 좋지 못한 것임을 인식해서 없애는 것이었다. 그래서 우리는 불안감을 없애거나 멀리하려고 노력했다. 하지만 이러한 대처 방법으로는 '불안'의 싹을 완전히 잘라버릴 수 없다. 의식적으로 불안이나 갈등을 멀리하려 한 나머지 오히려 문제의 초점에 다가가는 결과를 초래할 수도 있기 때문이다.

가령, 골프를 칠 때 'OB를 내지 말아야지, 공을 연못에 빠뜨리면 안 된다' 등의 부정적인 생각이 강할수록 공이 OB 쪽이나 연못으로 날아가는 경우가 많다. 이것도 문제를 피하려고 너무 의식한 나머지 반대로 문제의 초점으로 빠져든 전형적인 예라 하겠다.

골프 경기에서 느끼는 불안은 본질적으로는 경쟁 상태, 즉 평가받는 상황 그 자체 때문에 유발되는 것이다. 따라서 경기에 임하는 경우, 스스로 불안의 수준을 조절함으로써 경기 결과를 향상시킬 수 있어야 한다.

첫 번째 불안 조절 전략은 불안에 대처하는 훈련을 하는 것이다. 불안의 원인이 되는 상황적 조건에 적응하도록 훈련을 받음으로써 각기 다른 강도의 불안 원인에 적응하게 되고, 불안의 원인이 발생했을 때도 상대적으로 불안을 덜 느끼거나 과도하지 않은 불안 수준으로 유지시킬 수 있다. 연습의 환경을 실제 경기와 같은 조건으로 유지하거나, 흔히 실시하는 전지훈련을 활용하여 상황적 변화에 적응할 수 있도록 불안 수준을 조절하는 것도 대응전략이다.

두 번째 전략은 경기자가 느끼는 불안에 대한 지각을 수정하는 것이다. 최근에는 경기자의 지각을 수정·변화시키려는 심리적 훈련 기법이 많이 개발되고 있다. 최면요법, 심상훈련, 초험적 명상, 선zen 등은 바로 이러한 지각 수정의 논리에 기초를 둔 심리적 훈련 기법들이다.

불안 증상을 없애기 위한 좀 더 손쉬운 방법은, 다양하게 나타나는 심리적·생리적·행동적 증상을 제거하는 방법이다. 가장 일상적으로 많이 사용되고 있는 것은 마사지를 비롯하여 단전호흡, 점진적 이완기법 등이 있다.

하지만 가장 중요한 것은 경기 중에 생기는 불안, 공포, 걱정을 없애거나 외면하는 것이 아니라, 있는 그대로 받아들여야 한다는 것이다.

예를 들어 많은 사람들 앞에서 첫 티샷을 하는 경우, '떨려서 실수하면 어쩌지?'라고 걱정한다고 생각해보자. 이러한 생각이 강해질수록 점점 더 긴장감이 높아진다. 그리고 '실패해서는 안 돼'라고 몇 번이고 강하게 주지시킬수록 실패의 이미지가 더욱 커진다. 불안감을 없애려는 생각은 자신 앞에 실제보다 더욱 높은 장벽을 만드는 격이 된다. '나는 실패하고 싶지 않다', '절대 실패해서는 안 된다', '완벽하지 않으면, 완벽하지 않으면…?' 이런 생각들은 스스로를 초조하게 만들어 여유 없는 상태로 몰리게 된다. 이러한 상태에서는 결코 좋은 샷이 나올 수 없다.

이와는 반대로, '여러 사람들 앞에서 첫 티샷을 한다는 것은 누구에게나 긴장감을 준다', '나는 사람들 앞에서 티샷을 하려면 경직되는 성격이다'라고 자신의 정직한 마음을 '있는 그대로' 받아들여라. 사람들 앞에서 티샷을 하려면 얼어버리는 자신을 똑바로 바라보고, '그러면 어때…'라고 사실을 인정하고 그러한 자신을 용납하라. 누구나 사람들 앞에서 티샷을 하려면 긴장하게 마련이다. 그러므로 '긴장하는 것은 어쩔 수 없다. 그것이 있는 그대로의 나다', '내가 할 수 있는 범위 안에서 최선을 다하면 된다'는 식으로 생각을 바꾸어보라.

모든 상황을 있는 그대로 받아들이겠다는 마음가짐으로 불안에 대처하면 된다. 불안을 느끼면 느끼는 대로 인정하는 것이다. '조금 불안하지만 그래도 괜찮아' 하고 조금만 편하게 마음을 먹고 진정한다면, 온통 불가능할 것으로만 보이는 것들이 '가능한 것'으로 보이기 시작할 것이다. 그리고 '완벽하지 않으면 안 된다'라는 높은 장벽을 걷어치우고 '내가 할 수 있는 최선을 다한다'라고 생각을 바꿔라. 그러면 어느덧 불안은 사라지고 자신의 실력을 충분히 발휘할 수 있게 될 것이다.

실수에 대한 걱정이 화를 부른다

대부분의 골퍼들은 라운드 중에, 특히 중요한 순간에 혹시 실수를 하지 않을까 하고 걱정을 한다. 이러한 걱정은 우리의 몸과 마음을 긴장시키고 자신을 부정적인 생각에 빠지게 한다. 결국 골퍼들은 걱정 때문에 실수를 하게 되는 경우가 많다는 이야기이다.

티베트의 경구 중에는 이런 말이 있다. "될 일이라면 신경 쓰지 않아도 어차피 될 것이므로 걱정하지 않아도 되며, 안 될 일이라면 아무리 걱정해도 소용없으니 이 또한 걱정할 필요가 없다." 이 말은 무슨 일을 하든 걱정을 하지 말라는 것이다. 걱정을 하는 것은 한 마디로 실수를 자초하는 행위이다.

골프 라운드에서 프로는 프로대로, 아마추어는 또 그들대로 많은 실수를 범하게 된다. 이러한 실수의 상당 부분이 걱정에서 비롯되고 있다. 실수에 연연하다가 다음 샷을 망치거나, 심지어 그날의 라운드 전체를 망쳐버리는 일이 비일비재한 것이다.

숏 퍼트에서 실수하는 골퍼들을 보면, 그들은 언제나 숏 퍼트를 걱정하고 있다. 그들은 라운드를 하면서 1~2미터의 퍼트를 남기는 것 자체도 두려워한다. 숏 퍼트는 스트로크가 나쁘기 때문에 미스 하는 것은 아니다. 숏 퍼트의 미스는 실수를 걱정하기 때문에 나오는 경우가 많다. 벙커를 넘기는 어프로치 샷을 할 때도 실수를 걱정하다가 벙커에 공을 넣고 만다. 걱정을 하면 우리의 마음은 급격하게 조급해지는 경향이 있다. 조급해지면 서두를 수밖에 없다. 서둘러 샷을 하거나 퍼팅을 하면 리듬과 템포가 깨져 실수를 하게 되는 것이다.

코스에서는 어떠한 경우에도 걱정을 하지 말아야 한다. 타이거 우즈나 어니 엘스와 같은 세계적인 선수조차 숏 퍼트에서 실수한다는 사실에 주목하라. 세계적인 선수도 실수를 하는데, 한 번쯤 실수한다고 걱정할 이유는 없는 것이다. 톰 왓슨과 같은 선수는 과거에 숏 퍼트를 그렇게 걱정하지 않았다고 한다. 1982년 페블비치에서 열린 US오픈 때도 마찬가지였다. 톰 왓슨은 7번 홀에서 60센티미터 숏 퍼트를 놓쳤으나 그것을 걱정하지 않고 잊어버리고 나머지 라운드에 임했기 때문에 우승할 수 있었다고 한다.

골퍼들이 샷이나 퍼트에 대해 걱정을 하는 것은 나쁜 결과에 대한 두려움 때문에 생기는 것으로, 이는 골퍼들에게 불필요한 나쁜 습관이다. 실수에 대한 걱정은 자연스러운 스트로크를 할 수 없게 하고 심리적 안정과 자유를 빼앗아간다.

코스에서는 걱정으로부터 자유로울 수 있어야 한다. 그러기 위해서는 우선 걱정이란 일시적으로 생겼다가 사라지는 일과성―過性이라는 것을 알아둘 필요가 있다. 우리 마음에 일어나는 대부분의 걱정은 마음의 속도를 늦추면 곧 저절로 사라진다. 그래서 조급하지 않기를 당부하는 것이다. 실수로 인해서 마음속에 '어떻게 하나' 하는 걱정이 생기면, 불안이나 조급함으로 더 이상 걱정의 덩치를 키우지 말고 잠시 심호흡하며 '괜찮다'고 스스로를 위안하라. 스스로를 다독이고 안심시켜서 마음의 속도를 늦추면 걱정으로 초조했던 마음은 언제 그랬냐는 듯 사라질 것이다.

공 앞에 서면 긍정적으로 생각하라. 만일 부정적인 생각이 들면 한발 뒤로 물러나 프리샷 루틴을 다시 시작해보라. 그리고 한 번에 한 가지 생각밖에 할 수 없다는 사실을 기억하길 바란다. 부정적인 생각이 비집고 들어오지 못하도록 긍정적인 생각만 하라. 항상 최선의 샷을 기대하고 결코 최악의 샷은 생각하지 마라.

만일 그렇게 해도 걱정스러운 마음이 생기면 억지로 걱정을 없애려고 하지 마라. 단지 몇 차례 호흡을 조용히 깊게 해보라. 그러면 걱정은 저절로 사라질 것이다. 골프에서 걱정은 재앙을 불러들이는 문門이라는 것을 상기하기 바란다.

의도하기 전에 멈추고 집중하라

우리는 누구나 무슨 일을 하기 전에 먼저 '이렇게 하면 어떤 이득이 생기는지', 혹은 '결과적으로 어떤 점이 유리한지'를 생각한다. 흔히 이것을 '의도意圖'라고 한다. 또한 우리는 무엇을 하든 그 행동에 분명한 목적, 즉 의도가 있어야 한다고 배워왔다. 그래서 대부분 일을 시작하기 전에 여러 가지 조건과 상황을 따져보게 된다. 일의 상황과 조건뿐만 아니라 수행하는 사람의 역량도 견주어서 계획을 세우고, 절차를 만들어서 가장 효율적인 방향으로 나아가려고 애쓴다.

하지만 실제 우리의 삶에는 이러한 의도가 적용되지 않을 때가 더 많고, 그저 자연스럽게 행동하는 것이 우리에게 자주 요구된다.

의도적이지 않아야 된다는 이야기를 할 때 우리는 자주 노자老子의 무위無爲에 대해 이야기한다. 노자는 도를 말할 때 '인간뿐 아니라 온 우주 만물이 다 거쳐야 할 길'이라고 했으며, 이 도의 절대성을 '무위자연無爲自然, 즉 저절로 그러함'에 두었다. 노자는 어떤 일에 집착해 억지로 하지 않고, 인위적인 힘을 가하지 않는 자연스런 행위의 중요성을 강조한 것이다. 노자가 말한 무위無爲는 '하지 않음의 함'이라고 이해할 수 있다.

그리고 '좀 덜한 것이 더 좋은 것이다(Less is More)'라는 말도 있다. 의도가 지나치면 부족함만도 못한 결과를 초래하는 경우가 많다는 뜻이다. 이 말은 골프에서도 잘 적용되는 말이다. 골프 라운드 중 우리의 모든 행동이 지나친 의도에서 나오지 않고 자연스럽게 이루어져야 한다는 뜻이다.

우리는 라운드 중에 너무 의도적으로 샷을 하다가 어처구니없는 실패를 자주 경험한다. 히든카드라도 꺼내듯 한 방으로 끝낸다는 생각은 좋지 않다. 예를 들어, '한번 멀리 날리자!'라고 생각해 힘주어 하다 보면, 공이 심하게 왼쪽이나 오른쪽으로 날아가는 경우가 흔히 있다. 이때 비거리도 오히려 힘을 덜 주었을 때보다 짧아진다.

"비거리라고 하는 것은 은행 이자와 같다"는 말이 있다. 무리하지 않고 친다는 것은 착실하게 예금하는 것이고, 그 이자가 바로 비거리라는 뜻이다. 거리를 의도적으로 구하면 거리의 손해를 보게 된다. 특히 나이가 들면 남녀를 불문하고 유연성이 떨어져 부드러운 스윙이 되지 않아 거리는 자연히 줄어든다. 이러한 범주에 속하는 사람들의 결점은 '거리를 내려고 하는 지나친 의도'에서 비롯된다. 골프 수준이 어느 정도이든 누구나 지나치게 거리를 구하지 말라는 뜻이다.

그린 가까이에서 찬스가 왔다고 생각해 의욕적으로 버디를 노린다고 친 공이 생각 외로 잘못된 결과를 초래한 경험도 있을 것이다. 그린에서 공을 홀에 넣으려는 의도가 강하면 공을 때리게 되어 실수하기 쉽다. 그래서 버디를 노렸을 때 흔히 듣는 '버디가 보기 된다'는 경고의 말도 나온 것이다. 지나치게 결과를 의식하고 의욕적으로 샷을 하다가 실수를 범하는 경우도 자주 있는 일이다. 짧은 파3홀에 서면 누구나 핀에 공을 가까이 붙이려고 의욕적으로 샷을 하지만 성공하지 못하는 경우가 많다. 파5홀에서 드라이버 샷이 조금 멀리 나가면 무리를 해서라도 2온을 노리는 의도적인 샷을 해보지만 성공 확률이 낮다. 이외에도 트러블 상황에서는 대체로 의도적인 행위가 실수를 초래한다.

의도가 과도해 넘치는 것보다는 조금 모자라는 것이 오히려 좋다. 의도가 적정하지 못하고 넘칠 경우는 부작용이 따르게 마련이다.

부처님 말씀 중에 '무원無願'이라는 말이 있다. 아무런 소망이나 목적을 두지 말라는 뜻이다. 다시 말해 내 앞에 있는 무언가를 보고 그것을 갖기 위해 달려가지 말라는 뜻이다. 무조건 성급하게 구하려 하지 말고 조용히 지켜보라는 것이다. 구하려 하기 전에 우선 멈추고 집중하면 그동안 알지 못했던 것들을 저절로 알 수 있게 될 것이다.

머뭇거리거나 망설이지 마라

옛날에 한 현자는 이렇게 말했.

"고상한 이상을 이룩하려면 수단을 망설이지 마라. 희생을 아끼지 않을 때 그것은 이룩될지니라."

이 말은 가야 할 길이 우리의 눈앞에 있거든 망설이지 말고, 가야 할 길이 분명하면 기꺼이 확고한 의지로 그 길을 가라는 뜻이다. 가고자 하는 길이 있을 때는 신중하게 일을 도모하는 것도 좋지만 머뭇거리거나 망설이다가는 기회를 놓치고 만다.

골프의 경우도 사정은 같다. 골퍼라면 누구나 라운드 중 클럽을 선택할 때 이럴까 저럴까 하고 망설이다가 실패한 경험이 있을 것이다. 짧은 퍼트를 할 때도 마찬가지의 경험을 한다. '만일 벙커에 들어가면…', '아니, 거리가 짧으면…', '만일에…' 등의 많은 부정적인 가정은 우리를 머뭇거리거나 망설이게 한다. 이러한 경우에 객관적인 정보나 주위의 조언은 그리 도움이 되지 않는다. 오로지 골퍼 자신의 판단에 의지할 수밖에는 없다. 하지만 머뭇거리고 망설이는 사이에 골퍼의 결단력은 사라지고, 십중팔구 실패로 끝난다. 이때는 차라리 단호하게 처음에 결정한 것으로 정하는 것이 좋다. 공을 앞에 놓고 이것저것 생각에 골몰하면 걱정은 커지기만 할 뿐이다.

남아프리카의 유명한 골프 선수 바비 로커는 마음에 의심을 가지고 퍼트를 했을 때 언제나 실패를 했다고 말했다. 2004년 LPGA 투어 칙필A 채리티 챔피언십에서 우승한 제

니퍼 로잘레스 선수 또한 "훌륭한 골퍼를 만드는 것은 많은 연습과 자제심, 그리고 결단력"이라고 말했다. 사실 퍼트의 성공률을 높이기 위해서는 정확한 브레이크를 보는 것만큼 중요한 것이 바로 결단력을 갖는 것이다. 이는 퍼트에서뿐만 아니라 모든 샷에 적용된다. 무슨 일이든 망설이면 실패한다는 말이다.

그렇다면 왜 이러한 결과가 초래되는가?

우리는 두 개의 마음을 가지고 있다. 하나는 머리로 생각하는, 즉 의식하는 마음으로 의식선상에 있고, 다른 하나는 그 아래쪽에 있는 잠재의식, 즉 본능적 마음으로 잠재선상에 있다. 그리고 이 두 개의 마음은 한 줄기의 가는 파이프로 연결되어 있다. 이 두 개의 마음 중 의식하는 마음은 잠재의식, 즉 본능적 마음에 메시지를 보내어 몸의 동작을 조정하는 이미지를 보내게 된다. 이때 의식하는 마음이 하나의 단호한 결정을 내리지 않으면 잠재의식은 두 가지 이미지를 받게 된다. 이 두 가지 이미지는 함께 작용을 하기는 하지만, 하나의 통일체로서 융화되어버리는 것이 아니라 각각의 상황에 따라 독립성을 유지하고 있다. 그래서 이 두

가지 이미지는 행동에 혼란을 초래하게 된다. "내 속엔 내가 너무도 많아 당신의 쉴 곳 없네"라는 가사로 시작되는 유행가가 있는데, 여기서 '내 속의 나'가 바로 서로 다른 이미지에 해당한다. 이러한 서로 다른 이미지들은 많은 경우에 서로 갈등을 하게 되므로 행동의 통일을 이루기가 쉽지 않다.

샷을 하거나 퍼팅 스트로크를 할 때, 여러 가지 정황을 고려한 자신의 결정이나 선택을 믿지 못하고 망설이면 좋은 결과를 기대할 수 없다. 좋은 결과를 바란다면 모든 훌륭한 샷은 단호함에 있음을 마음에 새겨두어야 한다.

확신을 가지고 스윙을 해야 한다. 자신의 선택에 대한 확신 없이 셋업에 들어가는 것은 실패를 초래할 뿐이다. 골프에서는 상황에 대한 치밀한 분석도 중요하고 필요한 일이지만, 일단 상황 분석이 끝나고 어떠한 결정을 했다면 결코 주저하거나 망설이지 말라는 것이다. 샷을 하거나 퍼팅 스트로크를 할 때 주저하고 망설이는 것은 심리적 장애를 불러일으킬 뿐이다.

완벽한 것은 없다

무슨 일을 하건 완벽을 추구하지 마라. 물론 완벽한 것이 좋은 것이기는 하나 그렇게 하면 자신이 힘들어진다. 그렇다고 대충대충 하지도 말고 어느 정도의 융통성을 발휘하며 일을 하도록 하라. 그리고 최선을 다하고 나머지는 하늘에 맡기도록 하라.

 많은 사람들은 '완벽하다'는 것을 어떤 일을 성취하는 최상의 수준으로 생각한다. 그리고 성공을 위하여 갖추어야 할 필수적인 자질로 간주한다. 하지만 '완벽하다'는 것은 실제로 불가능한 것으로, 사람들이 이 불가능한 완벽함을 추구하는 것에서 심각한 심리적 문제나 갈등을 경험하고 있다고 심리학자들은 지적하고 있다.

 사람은 완전한 존재가 아니다. 얼마든지 실수를 할 수 있는 존재다. 그래서 완벽주의는 비인간적인 속성의 것이라고 할 수 있다. 사람은 실수를 통해서 자신의 한계를 깨닫는다. 자신을 되돌아보면서 겸허해지고 새롭게 배우고 그리고 더 익힐 수 있다. 완벽을 추구한다는 것은 불가능한 기대치에 도달하기 위해 자신을 무모하게 괴롭히는 것을 의미한다. 완벽을 추구하는 사람은 더 많은 시간과 노력을 들여야 하기 때문에 여유가 없고 몸과 마음은 경직되기가 쉽다. 자신의 발전에 만족하지 못하므로 자신의 실수도 쉽게 인정하지 못한다. 완벽해지려고 애쓰면서 충족감을 느끼면 다행이지만, 그 과정에서 우리는 스트레스를 많이 받게 된다. 그러므로 완벽에 대한 추구는 자신에 대한 불만족, 학대, 분노 등 여러 가지 부정적인 생각들의 도화선에 불을 붙이는 것과 다를 바 없는 경우가 많다.

골프에서도 우리는 완벽할 수 없다는 것을 누구나 알고 있다. 생애 55회의 우승을 거두었고, 승리하는 것이 아주 쉬운 일이었다고 말한 베시 로울스 선수도 "나는 늘 완벽해지고자 했다. 그러나 골프에서 완벽이란 도달할 수 없는 곳에 있었다"라고 말했다. 캐나다의 유명한 프리마 발레리나 카렌 케인조차 수만 번에 걸친 일생의 실연實演에서 만족스러웠던 적은 7~8번이었다고 하니, 골프뿐만 아니라 예술을 포함하여 사람들이 하는 모든 일에 완벽이란 있을 수 없는 것이라 할 수 있다.

물론 완벽한 골프의 기준은 상당히 주관적이며, 실력에 따라 수준도 달라진다. 골퍼들은 어떠한 상황에서나 자신의 희망에 따라 자로 잰 듯이 홀을 공략할 수 있겠으나, 상황에 따라서는 돌아가는 방법도 있다. 여유를 가져야 한다는 말이다. 예를 들어 핀이 벙커 뒤에 바로 자리하고 있는 경우, 핀을 보고 바로 공격하여 성공한다면 완벽한 골프가 되겠지만 성공할 확률이 아주 낮다는 것이다. 골프는 완벽 이전에 확률적으로 접근해야 한다.

훌륭한 골퍼가 되기 위해서는 완벽한 골프를 할 수 없다는 사실을 인정하는 태도가 필요하다. 골프는 사람이 하는 경기이고 실수의 경기이다. 누구나 나쁜 샷이 나오면 싫어한다. 그리고 화를 낸다. 화를 내고 안 내고는 자신의 선택이지만, 화를 내면 자신의 리듬과 흐름이 깨어지고 만다. 그리고 또 다른 실수를 만들어내기 쉽다. 훌륭한 골퍼는 실수를 최소화할 수 있어야 한다. 피할 수 없는 실수에 잘 대처하는 것이 실수를 줄이는 방법이다. 실수를 누구나 할 수 있는 것으로 생각하고 실수에 연연하지 않는 것이다. 그리고 실수의 책임을 자신에게 물어 자책하지 않도록 해야 한다. 유명한 선수 중에는 실수를 했을 때 캐디에게 화풀이를 하거나, 클럽을 던지면서 클럽을 원망하기도 한다고 한다. 클럽을 바꾸어버리거나 하루 동안 물에 담가두는 선수도 있다고 한다.

무슨 일에서든지 다소의 여지를 남겨두는 마음이 필요하다. '일마다 반드시 가득함을 구하고 공功마다 가득함을 구한다면 안으로부터는 변란이 생길 것이고, 밖으로부터 환란을 자초할 것'이라는 《채근담》의 말을 한 번 상기해볼 필요가 있다.

우리는 무슨 일을 하나 완벽을 추구하기보다는 필요할 때 최선을 다할 수 있는 능력을 얻기 위해 노력해야 한다. 경우에 따라서는 완벽하지 않은 결과에서 오히려 더 큰 만족감이 온다는 사실도 잊지 말아야 할 것이다.

실망하면 희망을 잃는다

중국에 '새옹지마塞翁之馬'라는 고사가 있다. 어느 날 자기가 기르던 말 한 마리가 그만 옆 나라로 도망쳐서 울던 한 노인이, 달아났던 말이 준마駿馬 한 필을 데리고 오면서 웃음을 되찾았다는 이 이야기는 작은 일 하나에도 울고 웃는 우리 인간의 어리석음을 꼬집고 있다. 이야기의 핵심은 '우리 인간사人間事란 다 그런 것이려니' 할 일이지 쓸데없이 일희일비一喜一悲할 필요가 없다는 것이다. 사실 우리의 인생살이란 지금 당장은 위기에 처해 있어도 불과 몇 분 후에 더 좋은 상황을 맞을 수도 있고, 지금 좋은 상황이라고 해서 언제까지나 좋을지는 알 수 없다. 그래서 지금 좋다고 너무 들뜨지 말고, 지금 나쁘다고 너무 실망하지 말라는 것이다.

2005년 PGA 투어의 우승자 31명이 출전한 가운데 열린 PGA 투어 시즌 개막전 메르세데스 챔피언십에서 디펜딩 챔피언인 스튜어트 애플비가 최종 4라운드에서 보기 없이 이글 한 개와 버디 네 개로 67타를 쳐 합계 21언더파 271타를 기록하면서 조나단 케이를 1타 차로 제치고 역전 우승에 성공했다. 애플비의 우승은 우리에게 큰 교훈을 남겼다. 애플비는 첫날 74타를 쳐 31명 가운데 30위로 처졌던 불리함을 딛고, 나머지 사흘 동안 실수 없이 스코어를 줄이는 대역전극을 펼치며 우승컵을 안았다. 애플비는 경기가 끝난 후 "첫날의 부진에도 실망하지 않고 최선을 다한 결과"라고 말했다. 이 말은 애플비가 초반의 부진에 대해 실망도 하지 않았지만 승부에도 집착하지 않았다는 이야기이다.

물론 애플비의 우승에는 소위 세계 골프계의 '빅 3'가 자멸한 것도 한몫을 했다. 사흘 내내 선두를 달리며 우승컵을 눈앞에 두었던 세계 랭킹 1위인 비제이 싱은 13번 홀(파4)에서 티샷을 왼쪽 숲으로 날려 보낸 데 이어 네 번째 샷마저 그린에 올리지 못해 트리플 보기(7타)를 범하며 합계 18언더 파 274타로 공동 5위로 내려앉았다. 어니 엘스 또한 마지막 18번 홀(파5)에서 티샷을 숲으로 날려 보내 보기를 범했고, 타이거 우즈도 3미터 이내의 짧은 퍼트 세 개를 잇달아 놓치고 말았다.

이렇듯 일류 골퍼들도 실망이라는 감정에 사로잡히게 되면 제 기량을 발휘할 수가 없는 것이다.

너무나 많은 골퍼들이 라운드의 초반에 실망을 하는 경우가 많다. 기분 좋게 샷을 시도했지만 평소의 기량을 잘 발휘하지 못할 때도 있고, 잘될 것 같았던 기회를 놓치는 경우도 수없이 많다. 골프에서 언제나 좋은 스코어를 내는 것은 불가능하다. 골프라는 스포츠의 특성상 그럴 수가 없다. 어느 날은 마음먹은 대로 경기가 잘 풀려가지만, 어느 날은 도대체 풀리지 않는다. 하지만 경기가 잘 풀리지 않는다고 실망하거나 좌절하면 안 된다. 실망하거나 좌절하는 순간에 플레이는 더 나빠질 뿐이다. 이런 날은 더욱 집중하기 바란다.

보통 골퍼가 실망을 경험하게 되는 때는 자신의 기량을 과대평가했을 때, 또는 경기장의 상황을 오판하여 자기 마음대로 해석하는 경우이다. 자신의 기대에 못 미치는 플레이를 펼쳤을 때 자기의 기량을 더 길러야겠다고 다짐하는 것이 아니라 오히려 실망하고 화를 내는 경우가 생긴다. 경기장의 상황이나 자신의 컨디션을 객관적으로 파악하여 대처하는 것이 아니라, 실망한 나머지 탓을 하게 되는 것이다. 실망은 실수에서 비롯된다. 실수를 하면 일단 실수를 빨리 잊어버려야 한다. 그리고 자기 자신의 리듬과 템포를 찾고, 프리샷 루틴을 점검해야 한다. 그래야 정상적인 기량을 다시 찾을 수 있다.

훌륭한 선수인지 아닌지는 최고의 기량이 나오지 않았을 때 어떻게 끝까지 경기를 잘 풀어내느냐로 판별된다. 즉 경기가 잘 풀리지 않을 때 어떠한 태도를 취하느냐가 중요하다는 말이다. 모든 라운드는 스코어에 관계없이 우리에게 많은 교훈을 준다. 훌륭한 선수가 되려면 먼저 인내심을 길러야 하고 현재에 집중할 수 있도록 해야 한다. 그리고 골프가 변덕스러운 스포츠라는 것을 알아야 한다. 골프에서 훌륭한 선수는, 나쁜 샷이 나올 수 있고 경기가 잘 풀리지 않는 날도 있지만 실망하지 않고 감정을 잘 다스리면 우승도 가능하다는 사실을 잘 알고 있는 사람이다.

실망은 '희망의 상실'을 의미한다. 실망은 영혼의 암적 존재로 우리의 생명과 에너지를 좀먹는다. 그래서 실망은 우리를 무력하게 만든다. 먼저 실망하지 말고 앞만 바라보고 힘차게 나아가야 한다. 희망의 등불이 꺼진 듯 보이더라도 실망하지 마라. 우리에게 큰마음, 큰 꿈, 큰 생각이 있으면 거기에서 새로운 희망과 용기와 성공의 싹이 꾸준히 솟아난다.

생각이나 사고 그 자체는 무형적인 것이지만 결국 그것이 무엇이건
인간이 상상하고 만든 것은 반드시 실현시킬 수 있다.
생각이 꼭꼭 경기에서는 승리와 패배라는 실체를 만들어낸다.
따라서 이기기 위해서는 그렇게 되기를 오로지 생각하고
바라는 것이다. 승리를 확신하는 자에게만 승리가 주어진다.
조금이라도 마음 한구석에 패배의식이 자리한다면
그 사람에게는 패배만 있을 뿐이다. 승리의 출발점은
생각을 어떻게 하느냐에 달려 있다. 당신의 마음속에는
당신을 성공시키기도, 함이 결재되어 있다.

뛰어넘어야 정상에 설 수 있다

● 제3장

골프에서는 운도 만들 수 있다

우리는 무슨 일을 할 때에 운運이 좋았다느니 나빴다느니 하는 말을 한다. 조금 과장된 이야기지만 운이라는 것이 좋을 때는 마른 땅에 나무젓가락을 꽂아도 꽃이 피지만, 나쁠 때는 접시 물에 빠져 죽기도 한다는 말도 있다.

골퍼라면 라운드 중에 샷을 한 결과를 두고 한 번쯤은 운에 대해 생각한 적이 있을 것이다. 샷의 결과를 객관적으로 평가하기보다 운에 따른 것이라고 생각하는 것은 어리석다고 생각할지 모르지만, 골퍼들이 경기를 마친 후 자주 하는 말 중에 하나가 "오늘은 영 운이 안 따라주는걸…"이다.

룰렛 게임처럼 목숨을 담보로 자신의 운을 시험하는 혹독한 운명의 격전장은 아니지만, 골프에서도 어느 정도 운이 작용한다고 말할 수 있다.

칸트는 그의 저서 《순수이성비판》에서 행운, 운명 등의 개념을 대단히 모호한 개념이라고 정의했다. 이러한 개념들은 그의 말에 의하면, 일상적으로 무리 없이 통용되고 있음에도 불구하고 그 근본에서는 경험이나 이성, 그 어느 것을 통해서도 설명할 수 없는 본질적 한계를 지니고 있는 개념이라는 것이다.

골프를 말하면서 '운'이라는 표현을 사용하는 것은 애매모호하고 미신적인 얘기를 하려고 하는 것이 아니다. 여기서는 여러 가지 나쁜 조건들이 자신의 실수나 결점과 결합하는 악순환의 흐름을 불운이라고 말하는 것이다. 비록 설명에 한계는 있으나 어느 정도 논리적이고 합리적인 관점이 포함되어 있다고 생각한다. 그래서 운을 전혀 근거 없는 것으로 이해하지 않고 하나의 가능성으로 파악한다는 점은 분명 의미 있는 고찰이라고 볼 수 있다.

불운에 대처하기 위해서는 불운이 어떠한 메커니즘으로 전개되어가는지 알아둘 필요가 있다. 운이 나쁘다고 할 때는 모든 것이 뜻대로 되지 않고, 상황이 자신의 결점과 결합해 마음을 더욱 불편하게 만든다. 이 불편한 마음이 행동에 영향을 미쳐, 어떻게 행동하든 나쁜 결과를 초래하게 된다. 이때는 나쁜 일이 계속 일어나기 때문에 마음은 더욱 조급해지고, 그런 마음은 성급한 결정으로 이어져 결국 최악의 결과를 가져오는 것이다.

골프가 정직하고 공정한 스포츠라고 생각했던 사람도 드라이브를 페어웨이 한가운데로 날렸는데도 공이 디보트에 들어가면 뒷맛이 씁쓸하기 마련이다. 공이 컵을 돌아 나오면 자신의 운이 나빴던 것으로 돌린다. 제대로 잘 친 공이 거리가 짧아 벙커에 들어가 스코어를 망치는 경우는 분명히 운이 좋지 않았다고 생각할 수 있다. 불운은 모든 상황에 숨어 있기 마련이며, 언제 끼어들지 모른다. 미국의 전설적인 야구 선수인 요기 베라가 남긴 "끝날 때까지는 끝난 것이 아니다"라는 말을 기억해둘 필요가 있다.

올림픽클럽에서 열린 1998년도 US오픈에서 페인 스튜어트는 12번 홀에서 드라이브 샷 한 공이 페어웨이 가운데로 잘 날아갔으나 모래로 채운 디보트에 들어가버렸다. 스튜어트는 그 다음 샷을 잘했지만, 공이 그린 앞의 벙커에 떨어지고 결국 파를 잡지 못하고 우승을 놓쳤던 것이다. 당시 스튜어트는 인터뷰에서 크게 분함을 표시했으며, 언론에서도 스튜어트의 불운을 크게 보도했다. AP통신은 "스튜어트의 패배는 하나의 디보트에서 시작되었다"라는 제목으로, 골퍼의 정확성이 US오픈에서 항상 좋은 성과를 보장하지는 않는다고 논평했다.

골프 라운드 중에 따르는 운과 불운은 골퍼의 기분을 완전히 바꾸어버린다. 특히 운이 좋지 않았을 때 한탄만 한다면 상황이 바뀌지 않는다. 골프는 순간순간 마음의 움직임에 크게 영향을 받기 때문에 운이 나빴다고 화를 내거나 실의에 빠지는 일은 없어야 한다.

부치 하몬의 지도를 받은 아담 스콧은, 자신이 부치 하몬에게서 배운 최대의 수확은 그가 타이거 우즈에게 전수한 '이기는 방법'을 배운 것이라고 말한 적이 있다. 그 이기는 방법이란, 미스 샷이나 불운에도 흔들리지 않는 강한 마음이 결국 행운의 결과를 불러들인다는 것이었다. 부치 하몬이 아담 스콧에게 가르친 것의 핵심, 불운을 행운으로 바꾸는 강인한 정신력이 중요하다는 것이었다.

문득 시운時運과 관련해, 녹두장군으로 알려진 전봉준의 시 한 구절을 생각해본다.

"때를 만나 천지가 모두 뜻을 함께하더니, 시운이 다하니 영웅도 스스로 어쩔 수 없구나."

그렇다. 운이 좋으면 하늘과 땅이 도우니 과감하게 행동할 수 있으나, 운이 나쁘면 누구나 어쩔 수 없으니 겸허해질 필요가 있다는 뜻이다.

미스 샷과 10초 룰

흔히 골프를 일컬어 완벽할 수 없는 경기라고 한다. 이는 미스 샷이 없는 골프 라운드는 절대로 있을 수 없기 때문에 나온 말이다. 미스 샷에는 여러 가지 원인이 있다. 그중에서 결정적인 요인은 바로 자기 자신의 생각이다. 생각이라는 것은 조건반사와 같이 자동적인 행동으로 나타나므로 두려워하거나 지나치게 걱정을 하면 미스 샷이 나오게 되는 것이다.

이러한 미스 샷에 대응하기 위해서는 우선 미스 샷이 어떠한 메커니즘에서 나오는지를 보다 구체적으로 살펴볼 필요가 있다. 연못이 눈앞에 있는 경우를 한번 생각해보자. 골퍼는 연못을 시각적 정보로 의식하는 순간에 연못에 공이 들어가면 안 된다는 사실을 자각하게 된다. 이어서 연못을 넘기기가 어렵다는 등의 생각이 머릿속을 지배하게 되고, 이것이 부정적 사고로 자리 잡게 된다. 또한 연못이 위험하다는 의식이 공포나 불안으로 바뀌면서 행동이 제약을 받아 부자연스러워지고 그에 따라 미스 샷을 하게 되는 것이다.

이와 같이 미스 샷은 의식의 작용에 크게 의존하고 있다. 따라서 미스 샷을 줄이거나 더 이상의 미스 샷을 하지 않기 위해서는 생각을 바꾸는 일이 중요하다. 단지 미스 샷을 하지 말아야겠다는 생각만으로 문제가 해결되는 것이 아니다. 오히려 미스 샷을 하지 말아야지 하는 생각이 미스 샷의 원인이 된다. 미스 샷이 나올 것 같은 상황에 처할 경우, 지나치게 이를 의식하지 말고 평상시의 마음가짐을 가지라는 것이다.

그리고 실수를 한 후에 어떻게 해야 하는지도 매우 중요하다. '왜 실수를 했지?'라고 자신을 탓하는 사람이 많은데, 우선 자신을 너무 탓하지 말아야 한다. 실수는 누구든 하는 것이다. 프로들의 경기를 통해 보더라도 골프에서 실수 자체보다는 실수를 어떻게 만회하는지, 얼마나 냉정하게 대처하고 있는지가 그날 경기의 흐름을 좌우하는 가장 큰 변수 중의 하나임을 알 수 있다.

또 한 가지, 미스 샷을 했더라도 이에 질질 끌려 다니지 말아야 한다. 한 번의 미스 샷은 그것으로 끝내야 한다는 말이다. 미스 샷을 이야기할 때, '10초 룰'이라는 것이 있다. 10초 만에 자신의 미스 샷에 대한 기억을 잊어야 한다는 것이다. 더 이상 시간을 끌면 미스 샷의 환영에 사로잡혀 마음이 흔들리게 된다. 단지 어떻게 만회할 수 있을지에 의식을 집중해야 한다. 실수를 했을 때 감정을 무리하게 억제하려고 하지 말고, 다음 샷을 준비하면서 오롯이 현재에 의식을 집중하도록 한다.

미스 샷을 한 후 행동을 바꾸어보는 것도 방법이다. 여러 번 이야기하지만 심신일여心身一如라고 우리의 몸과 마음은 불가분의 관계에 있다. 그래서 행동을 바꾸어볼 필요가 있는 것이다. 미스 샷 후에는 실수를 걱정한 나머지 우리의 몸도 긴장해서 굳어진다. 이런 때에는 생각만으로 냉정함을 되찾으려고 해도 잘 해결되지 않는다. 이때는 행동을 조금 바꾸는 것도 하나의 방법이다. 심호흡을 반복하거나 클럽을 사용해 스트레칭을 하면서 몸과 마음을 이완시킨다.

우리는 흔히 미스 샷으로 인한 나쁜 이미지를 떠올림으로써 좋은 이미지를 완전히 사라지게 한다. 이런 때는 마음을 다잡아보려고 '나쁜 이미지를 가지고 싶지 않다'고 속으로 다짐해도 역효과가 나기 쉽다. 흔히 사람들이 '무엇 무엇을 하고 싶지 않다'라고 생각하면 결국은 그쪽으로 의식이 향해 가기 때문이다.

이럴 때는 자신이 집중해야 하는 다른 포인트를 찾아야 한다. 미스 샷을 한 후 다음의 지점에 갈 때까지 페어웨이를 차분히 관찰하면서 경기장 주변의 경치를 완상하는 것도 좋을 것이다. 보다 적극적으로는 '좋아, 저기를 노리자'라고 의식을 집중해 미스 샷에 대한 생각을 완전히 버려야 한다. 이렇게 의식을 바꾸면 긴장도 없어지고 집중할 수 있게 되어 미스 샷을 생각할 틈도 없어질 것이다.

기분 전환을 위해 동반자나 캐디와 간단한 대화를 나누는 것도 한 방법이다.

다시 강조하면, 미스 샷을 한 후에 해야 할 가장 중요한 일은 그것에 대한 모든 생각을 일소하는 것이다.

프레셔는 필연이라고 생각하라

우리는 자주 골프 라운드 중에 프레셔를 받아 스코어를 망쳤다고 말한다. 여기서 말하는 프레셔는 사전적 의미로 보자면, 정신적 압박壓迫 또는 중압重壓 정도로 해석할 수 있을 것이다.

골프 경기의 중요한 특성 중의 하나는 매순간 달라지는 조건과 이에 따른 도전이라고 할 수 있는데, 그 이면에는 필연적으로 실수나 패배에 대한 프레셔가 수반된다. 골프를 잘하느냐 못하느냐 하는 것은 프레셔 속에서 얼마나 굳건히 버티느냐로 결정된다. 우리가 프레셔라는 말에서 받는 느낌은 썩 좋지 않다. 그렇지만 프레셔를 어느 때 받고, 어떻게 극복해야 하는지를 한번 생각해본다면 이것이 반드시 나쁘기만 한 것은 아니다. 가장 빠르게 플레이 하는 것으로 유명한 리 트레비노도 말했듯이 프레셔는 누구나 받고 있다. 리 트레비노는 프레셔를 받지 않는다는 사람은 거짓말쟁이라고까지 말했다. 모두가 프레셔를 느끼고 있지만, 프레셔를 받는 경우는 사람마다 다르다.

한 앙케이트 조사에 의하면 아마추어 골퍼의 경우, 가장 프레셔를 많이 느낄 때가 첫 번째 홀의 티샷이라고 한다. 이후 OB를 내거나 벙커 탈출을 실패한 경우, 즉 미스 샷을 한 후나 연못 넘기는 샷, 해저드를 넘기는 어프로치 등의 차례로 프레셔를 받는다고 한다. 물론 프로 골퍼의 경우는 매우 다르다. 주위의 기대가 클 때나 기필코 이겨야겠다는 의식이 강할 때, 또는 처음으로 우승을 다툴 때 프레셔를 받는다고 한다. 프로와 아마추어는 기술의 차이가 있으므로 상황이 다르겠지만, 어느 쪽이나 프레셔의 상황을 자기 자신이 어떻게 의식하느냐에 따라서 받는 강도가 달라진다.

사실 프레셔를 받으면 골프가 잘 되지 않는 경우가 대부분이지만, 어떤 경우는 미스 샷이 적게 나와 오히려 스코어가 좋아지기도 한다. 그러므로 프레셔라는 것이 무조건 나쁜 것도 아닌 것이다. 흔히 아마추어 골퍼들이 내기를 하지 않아 스코어가 좋지 않았다는 말을 자주 하는데, 이것은 어느 정도 프레셔의 필요성을 말하는 것이기도 하다.

이러한 프레셔로부터 해방되기 위해서는 일단 프레셔를 받으면 어떠한 변화가 오는지 알 필요가 있다. 신체적으로는 아드레날린이라는 호르몬의 분비로 가슴이 두근거리며 심장 박동수가 올라간다. 심하면 목이 바싹 마르고 쓸데없이 물을 마시고 싶어진다. 골프를 하고 있을 때 프레셔를 받으면 빨리 벗어나고자 하는 생각에 스윙이나 퍼팅 스트로크가 빨라진다. 특히 퍼팅에서 이러한 상황을 자주 경험해 실패를 거듭하게 되면 퍼트 난조 현상인 '입스yips' 때문으로 볼 수 있다. 여기까지 오면 회복이 간단하지만은 않다.

이제 프레셔를 극복하는 방법을 생각해보자. 프레셔라는 것은 스스로 만들고 있는 측면도 있으므로 반드시 극복할 수 있다는 확신을 가져야 한다. 프레셔는 우리에게 주는 일종의 경보로, 주의가 필요하며 집중을 하면 극복할 수 있다. 프레셔는 바로 경계警戒를 불러일으키는 것이기 때문에 먼저 이를 인식하는 것이 중요하다.

프레셔를 받으면 누구나 손이 떨리고 스윙이 자유롭지 않다. 프레셔를 극복하려면 이러한 사실을 받아들이고 인정하는 것이 첫걸음이다. 그 상태를 인정하고 자신의 의식을 공과 목표에 더욱 집중하라는 것이다.

또한 프레셔를 받으면 육체적으로나 정신적으로 긴장을 유발한다. 스윙을 하기 위해서는 근육이 수축해야 하지만 과도한 근육의 수축, 즉 긴장은 실수를 유발하는 원인이 되기도 한다. 그래서 공을 치기 전에 근육의 긴장을 풀어주어야 한다. 프레셔에 의한 불안과 걱정은 심리적 긴장을 유발하는데, 이 또한 풀어야 한다. 중요한 것은 육체적 긴장과 정신적 긴장은 동시에 생기고 풀린다는 것이다.

타성을 깨야 새로운 골프가 열린다

우리는 쉽게 낡은 습관을 좇고, 우리를 지배하는 오래된 행동방식에 사로잡히는 경향이 있다. 이를 두고 '타성에 빠진다'라고 한다. 타성惰性이란 스포츠뿐만 아니라 문학, 음악 등 전 분야에 걸쳐 광범위하게 쓰이는 용어로, 창의력이 부족해 독창성을 상실하고 신선함이 결여된, 습성에 젖은 태도를 일컫는다. 한 마디로 타성이란 오래되어 굳어진 버릇, 양식, 습관을 의미하는 말로서, 형식주의, 현상유지 등 부정적인 뜻으로 사용되는 경우가 많다.

《파브르 곤충기》에는 줄지어 기어가는 성질을 갖고 있는 '소나무행렬모충'이라는 벌레가 나온다. 파브르는 몇 마리의 '소나무행렬모충'을 화분 테두리 위에 나란히 올려놓았다. 그런데 둥근 화분 테두리에서 앞서가는 한 마리를 따라 다른 벌레들이 계속 빙빙 돌다가 그만 며칠 만에 모두 지쳐서 죽고 말았다. 이들은 주위에 먹이가 있었고 분명 살길이 있었는데도 평소의 습관대로만 행동했던 것이다. 비록 곤충들의 이야기이긴 하지만, 타성에 의한 악습의 되풀이는 결국 비극을 낳는다는 것을 알 수 있다.

골퍼들은 대부분 자신만의 타성을 가지고 있다. 이러한 골프에서의 타성이란 자신의 골프 경험으로부터 편안함을 느끼는 영역이라고 할 수 있다. 대부분의 골퍼가 어떤 위험이나 불안감을 느끼지 않는 영역이기도 하다. 그러나 타성에 머무르는 것은 골퍼들 자신의 지각과 인식을 한정된 폐쇄영역에 가두고 경험을 제한할 수 있기 때문에, 새로움을 찾고 배우고 시도하지 않으면 퇴보하게 된다.

골프 스윙을 익히고 라운드를 하는 경우를 한번 생각해보자. 우리는 14개의 클럽의 사용 방법을 배운 후 이를 언제 어디서나 적절하게 사용함으로써 불리한 상황을 유리한 상황으로 전환하기도 한다. 그러므로 클럽 선택이나 샷의 방법을 결정할 때 상황을 고려하지 않고 타성에 빠진다면 좋지 않은 결과를 초래하게 된다. 예를 들어 티샷을 할 때 무조건 드라이버를 잡는다거나, 롱홀에서 세컨 샷을 하기 위해서 아무 생각 없이 스푼을 빼는 것도 타성일 수 있다. 골프 라운드 중에 만나는 상황은 수시로 달라지고 있는데 새로운 생각 없이 클럽이나 스윙의 방법을 타성에 따라 선택하면 실패를 초래하게 된다.

골프 연습의 경우에도 타성에 빠지는 경우가 많다. 주위에서 대부분의 아마추어 골퍼가 웨지 또는 7~9번 아이언으로 연습을 시작해 다음에 드라이버로 넘어가는 것을 자주 보는데, 실제로 많은 골퍼들이 그렇게 하고 있다. 이것은 대다수 아마추어들의 연습 루틴으로 되어 있어 마치 골프 연습의 정도인 것으로 잘못 인식하고 있다. 그러므로 연습을 할 때에는 이러한 타성부터 경계해야 한다. 먼저 문제 있는 샷을 집중적으로 연습하는 것도 타성을 깨는 일 중의 하나다.

알면 아는 대로 모르면 모르는 대로 타성에 젖어 골프를 치면서 감나무 아래에서 감 떨어지기를 기대하는 마음이 골프를 하는 사람의 병폐 중 하나이다. 농부가 씨를 뿌리고 결실을 거두기까지 저절로 이루어진 것이 없다는 것을 잘 알면서도, 마음 한구석에서는 골프 스코어에 대한 요행을 바라는 것이 타성에 젖은 대다수 골퍼들의 자화상이다.

골퍼들은 타성에 길들여진 골프로부터 벗어나야 한다. 골프를 치는 순간순간이 새로움으로 충만해야 한다. 훌륭한 골퍼가 되려면 항상 새로움을 추구해야 한다는 말이다. 이러한 타성을 깬 새로움은 우리의 잠재능력을 최대한 발휘할 수 있게 한다. 원래 새로운 상황이라는 것이 우리 인간의 마음을 언제나 신선한 자극과 감동 그리고 기쁨의 장으로 인도해주며, 자신을 새롭게 탄생시켜줄 것 같은 기대감을 안겨주는 것이다. 우리가 골프를 하면서 자주 느끼는 기대감 또한 이러한 맥락에서 나오는 것이다.

그런데 새로움에 대한 적응기간이 지나면 점차 새로움이 다시 익숙함으로 자리 잡아 당연함으로 고착된다. 이러한 익숙함은 또 하나의 틀이 되어 함정이 될 수 있다. 방심이나 자만의 늪에 빠져 처음의 마음가짐을 잃게 만들고 기계적 반복을 낳기도 하면서 다시 타성이 된다.

따라서 골퍼들은 매순간 자신을 되돌아보고 자신이 하는 스윙이나 생각의 인과관계, 과정 등을 세분해 변증단계辨證段階를 거쳐 이를 디딤돌로 삼아 타성에 빠지지 말아야 한다.

결국 골퍼들에게 일상적 골프에 익숙해진 상황에서 타성을 탈피해 새로움을 도출하려면, 이것을 발견하려는 확고한 의지가 충만해야 하고, 처한 현실에 집중하는 마음가짐이 있어야만 한다. 마음이라는 그릇이 과거와 미래의 상황들로만 가득 채워져 있다면 새로움이란 현상이 들어설 자리는 결코 없다는 사실을 명심해야 한다.

성패는 한 생각에 달려 있다

모든 것은 한 생각(一念)에서 비롯된다. 큰일이든 작은 일이든 모두 한 생각의 차이다. 한 생각이라는 것이 눈 한 번 치뜨고 내리뜨는 것 같이 별것 아니라고 여겨지겠지만, 곰곰이 생각해보면 한 생각이 자기를 구렁텅이에 몰아넣기도 하고 수렁에서 건져내기도 한다는 사실을 실감할 수 있을 것이다. 누구나 한순간의 잘못된 생각으로 큰 고통을 당한 경험을 하나쯤은 가지고 있을 테니 말이다.

참아야 할 일을 참지 못하는 바람에 큰 낭패를 겪기도 했을 것이고, 한 마디의 말실수로 구설수에 올라 곤욕을 치른 적도 있을 것이다. 재물이 탐나서 나쁜 마음먹고 남의 물건을 훔친 사람들도 단지 한 생각 때문에 앞길을 망친 경우이다. 심하면 한 생각의 잘못으로 삶이 완전히 달라지기도 하는 것이다.

한 생각의 차이에 따라 어리석음이 지혜로 바뀌고, 한 생각의 차이에 의해 운명이 바뀐다. 한 생각 한 생각을 단속하며 사는 사람들은 쉬운 길을 걸으며 안락하게 살아가고,

그렇지 못한 사람들은 이리저리 헤매고 다니며 괴롭게 살아가게 된다. 일일이 예를 들지 않더라도, 역사적으로는 최고 통치자의 한 생각 차이 때문에 국가의 운명이 달라진 경우도 많다.

골프는 끊임없이 변화하는 무상無常한 것이라 영원한 동일성同一性을 갖지 않으므로, 라운드 중에는 골퍼들에게 생각과 생각이 줄줄이 이어진다. 그래서 훌륭한 골프를 위해서는 한 생각 한 생각을 잘 다스려야 하는 것이다. 어느 한 순간에 한 번 잘못 생각하면 낭패를 당하기 마련이다. 만일 공이 좋지 않은 상황에 놓였는데도 한 번에 그린에 올리겠다고 호기를 부린다면, 이러한 생각은 십중팔구 나쁜 결과를 초래한다.

한순간에 자꾸만 스코어에만 집착해 생각을 돌리지 못하면 나중엔 라운드 전체를 망치는 최악의 결과와 맞닥뜨리게 된다. 상황이 좋지 않을 때 무리한 생각을 하고 그에 따라 행동한다면 결국 실패로 끝나고 말 것이다. 반면에 한 생각을 좋게 돌리고 적절한 행동을 한다면 결과가 점차 좋아진다.

골퍼들은 당연히 저마다 좋은 결과를 추구한다. 그러나

매번 이것을 제대로 달성하는 사람이 몇이나 되는가? 대부분 그렇게 되기를 원하지만 그 반대의 상황이 되는 것이 현실이다. 왜 그렇게 되는지 그 원인을 생각해보자. 이에 대한 대답이 그리 간단하지는 않지만, 한편으로는 너무 뻔한 것도 사실이다. 그 원인은 의외로 가까운 곳에서 찾을 수 있다. 라운드 중의 외부조건에 대응하는 골퍼의 마음, 곧 생각 때문이다. 우리는 스스로 나쁜 결과에 대한 원인을 항상 밖에서만 찾으려 한다. 여러 가지 외부적 요인이 결코 작은 것은 아니지만, 더욱 근본적인 원인은 항상 우리 내부에 감추어져 있다. 바로 생각의 차이인 것이다.

우리의 마음은 우리가 주재하는 것으로, 이는 바로 우리의 관념이다. 관념을 바꾸면 운명도 따라서 바뀌게 된다. "생각 한번 돌리니 예가 바로 극락이구나"라는 말이 있듯이 생각을 탁 트이게 돌릴 수 있느냐 없느냐에 따라 고통 대신에 즐거움이 온다. 골프에서 희망과 절망도, 성공과 실패도 어떤 외부적 조건에 의해서가 아니라 우리의 한 생각(一念)에 달려 있는 것이다.

참으로 우리의 골프는 한 생각 한 생각에 따라 결과가 크게 달라진다. 따라서 한 생각과 올바른 선택을 하는 것이 얼마나 중요한 일인지는 아무리 강조해도 지나치지 않다.

보이지 않는 벽을 무너뜨려라

인간의 진보와 성공을 저지하는 장애요인 중의 하나는 자기 스스로 한계라고 생각하는, 자신의 내면에 있는 보이지 않는 벽이다. 이러한 한계성은 타고난 것과 현재의 환경조건에 따라 생겨난 것이 있다. 즉 개인의 타고난 성격이나 재능에 따라 한계를 느끼는 경우가 있는가 하면, 어떤 일을 수행하는 과정에서 생기는 한계성도 있다. 일에서도 성공하려면 반드시 이러한 한계의 벽을 무너뜨려야 한다.

2004년 마스터즈 골프토너먼트에서 '메이저 무관'이라는 꼬리표가 붙은 필 미켈슨이 극적으로 그린 재킷을 입을 수 있었다. 최종 라운드 후반 9홀에서 필 미켈슨은 그동안 기량은 좋으나 마지막에 무너진다는 그간의 평을 뒤엎고, 스스로의 한계를 극복하고 우승의 영광을 차지했다.

미켈슨은 대학을 졸업한 후 1992년에 프로로 전향한 이후 매년 3~4승을 거두며 통산 21승을 올린 대단한 선수다. 그러나 그에게는 불운이 따랐다. 마스터즈를 비롯해 여러 대회에서 2~3위까지 올라갔다가 꼭 우승 문턱에서 좌절하곤 했던 것이다. 메이저대회에 마흔여섯 번 도전해 톱10에 여덟 번이나 들고도 정작 우승은 없었다. 분명 이것은 자타가 인정하는 그의 한계였다. 그러나 밥호프 크라이슬러 클래식에서 샷이 되살아나면서 우승을 할 수 있었다.

이기는 자에게는 반드시 이길 만한 이유가 있고, 지는 자에게는 반드시 질 수밖에 없는 이유가 분명히 존재한다. 그러나 당시 미켈슨이 참여한 마스터즈는 이 같은 승부의 법칙이 적용되지 않은 것처럼 보였다. 왜냐하면 아쉽게 2위를 차지한 어니 엘스도 경기를 잘했기 때문이다. 사실 어니 엘스가 3라운드까지 중간합계 3언더파에서 마지막 날 5언더파를 더해 최종 8언더파를 쳤으니 대단한 선전이었다. 미켈슨의 침착한 경기 운영으로 눈앞의 그린 재킷을 놓친 어니 엘스가 "최선을 다했는데 우승하지 못한 원인을 분석해봐야겠다"고 말했을 정도였으니 말이다.

당시 미켈슨이 거둔 마스터즈의 승리는 한 마디로 그동안의 한계를 극복한 쾌거였다. 특히 18번 홀에서의 5.4미터짜리 버디퍼팅은 그동안의 미켈슨의 퍼팅이 아니었다. 넣지 못하면 연장인 상황에서 '반드시 넣겠다'는 투지가 완벽한 집중력으로 모아졌고, 그러한 집중력이 그에게서 압박감을 완전히 몰아냈다. 미켈슨은 한 인터뷰에서, 자신에게 붙은 '뒷심 부족'이라는 딱지는 앞으로 충분한 시간이 있으니 개선될 것이라고 생각한다고 자신의 의지를 밝힌 바 있다. 바로 이것이 보이지 않는 벽을 스스로 무너뜨린 생각이었다. 그리고 미켈슨은 자신의 한계를 극복하기 위해서 코치인 릭 스미스와 데이브 펠즈로부터 많은 조언을 받았다고 밝혔다. 마스터즈대회에 참가해서 티 박스에 섰을 때, 공은 당연히 페어웨이의 가운데로 가는 것으로 믿었다고 했다.

때때로 경기가 잘 풀리지 않을 때, 실패만 이어질 때, 골퍼들은 쉽게 한계를 느끼고 자신의 한계에 굴복하고 만다. 이때는 반드시 할 수 있다는 신념을 가져야 한다. 신념은 시간이 지날수록 농축되며, 결국은 대단한 힘을 발휘한다. 단호하게 이야기하자면 최악으로 보이는 상황이야말로 결코 포기하면 안 되는 때이다. 이때, 나는 안 되겠구나, 나는 도저히 할 수 없겠구나 하고 스스로 한계를 짓는 비관적인 생각은 하지 말아야 한다. 성공은 단지 실패를 뒤집어놓은 것일 뿐이다. 그러니 힘들더라도 끝까지 끈질기게 싸우겠다는 결의를 다져라.

승부철학을 마음에 심어라

무슨 일을 하든 승자와 패자가 있기 마련이다. 승자는 어떻게 이기는가? 이기는 자는 무엇인가 분명히 다르다. 일찍이 손자孫子는 전쟁, 즉 싸우는 일은 '생사지지生死之地'이고 '존망지도存亡之道'라 했다. 스포츠의 세계도 전쟁과 다를 바 없는 냉엄한 승부의 세계다. 따라서 골프 경기를 할 때도 이기기 위해서는 죽느냐 사느냐 하는 승부철학이 필요한 것이다. 언제나 자신감으로 충만하고 실패를 두려워하지 않는 의식이 중요하다는 말이다.

우리는 세계적인 골프 경기에서 상위권의 몇몇 선수가 언제나 우승을 다투는 것을 자주 보게 된다. 일반적으로, 스포츠 경기에 참가하는 선수의 5%가 모든 승리의 95%를 장악한다고 알려져 있다.

따라서 우리는 이길 수 있는 5%의 사람이, 이길 수 없는 95%의 사람들과 무엇이 다른지에 주목해야 한다. 여러 가지 종목의 스포츠 선수에게 인터뷰를 실시한 결과, 이기는 사람은 '생각이 다르다'는 것으로 나왔다고 한다. 다른 말로, '생각밖에 다르지 않다'고 말하는 편이 쉽게 이해될지도 모르겠다. 이기는 사람은 처음부터 '이기는 것이 당연하다'고 생각한다. 물론 '이길 수 있다'고 생각한 사람의 모두가 반드시 이길 수 있는 것은 아니지만 '이길 수 있다'고 생각하지 않으면 결코 이길 수 없다.

생각이나 사고 그 자체는 무형적인 것이지만 결국 그것이 무엇이건 인간이 상상하고 믿는 것은 반드시 실현시킬 수 있다. 생각이 골프 경기에서는 승리와 패배라는 실체를 만들어낸다. 따라서 이기기 위해서는 그렇게 되기를 오로지 생각하고 바라는 것이다. 승리를 확신하는 자에게만 승리가 주어진다. 가령 조금이라도 마음 한구석에 패배의식이 자리

한다면 그 사람에게는 패배만 있을 뿐이다. 승리의 출발점은 생각을 어떻게 하느냐에 달려 있다. 당신 마음속에는 당신을 성공시키는 힘이 잠재되어 있다.

골퍼들은 이기기를 간절히 소망하고 이기겠다는 뚜렷한 의지를 가져야 한다. 이러한 승부에 대한 철학이 마음속에 뿌리내리지 않으면 결코 승리할 수 없다. 영국의 시인 윌리엄 코퍼William Cowper가 "그대의 의지는 그대의 법이다"라고 했듯이 승리와 패배는 그 사람의 생각, 즉 의지에 달려 있는 것이다. 결국 하려는 마음만 있다면 불가능한 것이 없다는 진리를 깊이 새겨야 한다.

인생이 요행이 아니듯이 골프 경기 또한 그렇다. '신심시명운적주재信心是命運的主宰'라 하여 '운運은 자신감에서 온다'는 말이 있다. 골프 경기에서 종종 찾아오는 운은 그냥 찾아오는 것이 아니라 믿음이 있을 때 따라온다는 뜻이다. 우리가 샷을 할 때나 퍼팅을 할 때 성공할 것이라고 믿어야 한다. 믿음이 없으면 성공적인 샷이나 퍼팅이 나오지 않는다.

최경주 선수나 일본의 아오키 선수가 미국 무대에서 우승한 사실을 주목해보자. 특히 최경주 선수의 경우, 컴팩클래식에서 우승한 후에 그가 고백했듯이 최경주의 미국행은 주위로부터 '무모하다'는 혹평을 수없이 많이 받았다. 한국에 남아 있으면 국내 최강자로 안락한 삶을 살 수 있는데, 대회 출전도 보장되지 않고 비전도 불명확한 미국에 '사서 고생하러' 가는 이유가 무엇이냐는 것이었다. 그러나 작은 승리에 안주하지 않고 미국으로 간 최경주 선수의 승부철학은 한 마디로 '큰 승리는 큰 대회에 있다'는 것이었다. 최경주 선수의 각오는 '샷을 더욱 가다듬어 한국뿐 아니라 세계인의 스타로 우뚝 서겠다'는 것이다. 일찍이 일본 혼다기술연구소의 창시자인 혼다 소우이치로는 천하를 손에 넣는 가장 빠른 방법은 '미국이나 유럽에서의 평가를 높이는 것'이라고 했다. 그렇게 되면 일본에서의 명성은 저절로 올라간다는 것이다. 최경주 선수도 그런 생각을 했을 것이다. 우물 안 개구리처럼 안주하기보다는 더 큰 세상에서 자신과 승부하고 싶다는 생각을 가졌을 것이다.

최경주 선수는 2008년 미국 PGA 정규시즌 두 번째 대회인 '소니오픈'을 '와이어 투 와이어(1라운드부터 4라운드까지 1위로 마무리)' 우승으로 마감하고, 미국 현지 언론으로부터 호평을 받았다. FOX스포츠는 '더 스포츠 엑스체인지The Sports Xchange'의 골프 스텝이 자체 선정한 골프 랭킹에서 최경주 선수를 3위로 유지시키며 그의 건재를 재확인해주었다. 더 스포츠 엑스체인지는 골프 전문가들로 구성된 평가단이 최근 성적 및 기세에 주안점을 두고 랭킹을 매기고 있는데, '골프 황제' 타이거 우즈, '왼손잡이' 필 미켈슨에 이어 당당하게 3위에 오른 최경주는 기량 면에서 세계 랭킹 3위라는 뜻이다.

결론적으로, 골퍼들은 큰 승리를 목표로 삼아야 크게 도약하고 발전할 수 있다는 것을 알아야 한다. 그리고 승리란 '이길 수 있다'라는 생각에서 오는 것임을 명심해야 한다.

이기는 전략

전략戰略이라는 말은 그리스어 strategia(將帥術)에 그 어원을 두고 있다. 전쟁에서 승리하기 위해 여러 전투를 계획·조직·수행하는 방책을 뜻하는 것으로, 이기려면 기도企圖된

계획이 있어야 한다는 의미를 내포하고 있다.

사실 골프에서도 이기기 위해서는 전략이 있어야 한다. 세계적인 선수 타이거 우즈도 "그날의 경기 전략을 라운드 전에 세우라"고 전략 수립의 중요성을 강조하고 있다.

골프에서 이기고 지는 것은 얼마나 실수를 적게 했느냐 많이 했느냐에 달려 있다. 여러 개의 홀을 잘해오다가 한두 개 홀에서 실수를 하여 만회할 수 없는 치명타를 입는 경우가 있다. 우승을 앞두고 어처구니없이 기회를 잃는 예도 많다. 그래서 전략이 있어야 변화무상한 골프를 승리로 이끌 수 있는 것이다.

전략의 실패로, 혹은 전략이 없어 우승의 문턱에서 좌절하는 경우를 종종 볼 수 있다. 한 예로, 1999년 브리티시오픈 최종 라운드 마지막 홀의 이야기를 들 수 있겠다. 선두에 있던 프랑스의 장 반 데 벨드는 17번 홀까지 저스틴 레너드에 3타 앞서 우승을 눈앞에 두었으나, 마지막 18번 홀에서 서드 샷을 개울에 빠뜨리는 바람에 뼈아픈 트리플 보기를 저지르는 과오를 범했다. 경기가 연장전으로 이어지면서 결국 우승컵을 스코틀랜드의 폴 로리에게 선사하는 어처구니없는 실수를 저지르고 만 것이다. 당시 장 반 데 벨드에게는 전략이 없었다고 평가할 수 있다.

이기는 골프는 전략에서 나온다. 이기기 위해서는 반드시 전략을 수립하고 이에 따라 라운드를 해야 한다. 각 코스별로 공략하는 방법이 반드시 있고, 가는 길이 분명히 있는 법이다. 실수를 줄이기 위해서는 그 길을 찾아야만 한다.

골프 전략은 크게 세 가지 부분으로 나누어 생각할 수 있다. 첫째는 코스를 정확히 파악하는 일이다. 라운드 할 코스에 대한 정보가 중요하다. 정보 없이 전략 없다는 말이 있듯이 전략 수립에 필수적인 것이 정보이다. 실제로 라운드를 하거나 홀 사이를 이동하면서도 코스에 대한 여러 가지 정보를 수집한다. 각 홀마다 티샷을 어떤 클럽으로 하면 가장 어프로치 하기 좋은 지점에 보낼 수 있는지를 파악한다. 벙커나 러프 등 트러블 지점도 면밀히 파악한다. 그리고 어느 지점이 퍼팅 하기에 적당한가를 검토한다. 그린의 브레이크, 잔디의 길이 등도 알아둔다.

코스 정보가 수집되면 경기 계획을 세운다. 경기 중에는 프레셔를 받아 긴장하게 되어 정확한 의사결정을 하기 어렵기 때문에 절대로 무리한 계획은 세우지 말아야 한다. 각 홀에 대한 계획을 미리 수립하는 것이 매우 중요하다. 자신의 경기 스타일, 경기 능력 등을 고려해 적절한 계획을 수립한다. 모험을 할 때는 승산이 전혀 없다고 판단될 때이며, 반드시 그 결과를 받아들일 각오가 되었을 때만 한다.

마지막으로 중요한 것은 사전에 수립된 계획에 따라 플레이를 하는 일이다. 라운드 중에 프레셔를 받으면 판단력이 흐려지는 것은 당연한 일이다. 그래서 가급적 사전에 세운 계획대로 라운드 한다.

그러나 바람의 방향이나 세기 등 날씨의 변화와 핀 위치의 변경에 대해서는 유연하게 대처해야 한다. 라운드가 계획대로만 되지 않는 경우도 많기 때문이다. 만일 계획과 달리 예상하지 못한 상황에 처하면 무리하게 샷을 하게 되고, 그 결과 공은 벙커나 숲으로 들어가게 되므로 안전한 길을 선택해야 한다. 분명한 것은 1타를 손해 보는 것에 그치지 않고 2타 내지 3타까지 손해를 볼 수 있으므로, 자신의 사기에 큰 영향을 미치게 해서는 안 된다는 것이다.

2005년에 장정 선수는 브리티시 여자오픈골프에서 우승하였는데, 그 비결이 바로 뛰어난 전략이었다. 우선 장정은 소렌스탐의 존재를 철저하게 무시하는 전략을 택했다. 경기 내내 소렌스탐과는 대화는커녕 눈도 맞추지 않았고 오로지 자신의 플레이에만 집중했다.

장정 선수는 장타자인 소렌스탐과 힘 대결을 피했다. 소렌스탐은 파5홀에서는 어김없이 강력한 드라이브 샷에 이어 2온을 시도했으나 장정은 웨지 샷으로 그린을 공략하기 적당한 위치에 두 번째 샷을 가져다 놓는 전략으로 일관했다. 장정의 첫 번째 전략은 드라이브 샷은 거리보다 방향, 즉 페어웨이에 반드시 안착시킨다는 것이었고, 둘째는 그린을 공략할 때는 버디 잡기가 쉬운 곳이 아닌 가장 안전한 방향으로 친다는 것이었다.

골프는 전략적으로 해야 한다. 경기의 경쟁자나 동반자들에게 절대로 구애받지 말고 자기 자신만의 전략에 따라 플레이 하는 뚝심이 필요하다.

넘어지면 다시 그 땅을 짚고 일어나라

여러 번 실패해도 굽히지 않고 다시 일어난다는 뜻으로 '칠전팔기七顚八起'라는 말이 있다. 몇 번이고 실패하면 다시 도전하라는 뜻이다. 또 '사전오기四顚五起'라는 말도 있는데, 이는 1977년 권투 선수 홍수환이 카라스키야와의 경기에서 3회전까지 4번의 다운을 당했으나 포기하지 않고 결국 KO로 이겨 역전의 승리를 했을 때 나온 것이다.

2004년 7월 스코틀랜드 로열트룬 링크스 코스에서 열린 제133회 브리티시오픈에서 미국의 토드 해밀턴 선수가 우승컵 '클라레 저그'를 차지했을 때, 18년 동안 무명으로 떠돌이 골프를 해오던 해밀턴의 '칠전팔기 골프 인생'이 세상의 주목을 끌었다. 이 경기에서 해밀턴은 어떠한 표정의 변화도 보이지 않는 침착함을 보였는데, 이는 그가 실패를 거듭하던 긴 세월 동안에 얻은 인내심에서 나온 것이었다.

해밀턴은 대학시절에는 세 차례나 올스타에 뽑히는 등 나름대로 유망주로 꼽혔지만, 1987년에 프로로 나선 뒤부터는 빛을 보지 못했다. 결국 캐나다와 미국 2부 투어를 전전하던 해밀턴은 아시아로 눈을 돌렸다. 1992년에는 남서울 CC에서 열린 제11회 매경오픈에 참가해 우승을 차지하고, 그 후 해밀턴은 태국오픈과 싱가포르오픈을 석권하며 아시아 상금왕에 올랐다. 아시아 상금왕 자격으로 1996년에는 일본 무대에 진출해 1승을 거두고 1998년 1승, 2003년 4승을 올렸다. 통산 14승을 챙긴 해밀턴은 그해 일곱 차례 낙방 끝에 PGA 큐스쿨에 재도전해 공동 16위로 미국 PGA 투어 카드를 확보하는 데 성공했다. 늦게 PGA 투어 생활을 시작한 해밀턴은 첫 대회 소니오픈에서 컷오프를 당하는 수모를 겪었지만, 여섯 번째 대회인 혼다클래식에서 우승함으로써 마침내 성공의 길로 접어들었다.

결국 그는 2004년의 브리티시오픈에서 골프 황태자 어니 엘스를 연장전에서 물리치고 정상에 올랐다. 해밀턴의 승리는 누구도 예상하지 못했으며, 어니 엘스와의 최종 연장전이 시작되었을 때도 승리를 낙관하지 못했다. 해밀턴 자신도 브리티시오픈에서 우승하리라고는 생각하지 못했을 것이다. 일찍이 혼다클래식에서 우승한 후 〈USA 투데이〉와 가진 인터뷰에서 "PGA 투어 경기에서 우승하리라고 생각했느냐?"

는 질문에, "성공은 할 것이라고 생각했으나 이렇게 빨리 우승하리라고는 생각하지 못했다"고 말한 적이 있다.

사실 우리 인간이란 때로는 나약해서 아무리 마음으로 굳게 다짐을 해도 여러 번 실패를 거듭하면 중도에서 포기하기 쉽다. 그러나 그럴 때마다 다시 일어나서 나약한 자신을 추슬러야 한다. 땅에 넘어지면 다시 그 땅을 짚고 일어나듯이 강인한 의지로 한사코 자신의 본래 목표에 마음을 붙들어두어야 한다.

드라이브 비거리 284.5야드로 112위에 불과하고, 아이언 샷 정확도 역시 139위(62.5%)로 중위권에도 들지 못하던 해밀턴의 우승은 우리에게 많은 교훈을 주었다. 첫 번째 교훈은 한번 골프 선수로 성공하기를 결심했으면 성공할 때까지 참고 견디는 인내가 필요하다는 것이다. 우리는 무슨 일을 하든지 결코 초심初心을 버리지 말아야 한다. 두 번째는 "나는 숏 게임 능력으로 먹고산다"는 해밀턴의 생존 방법에서 엿볼 수 있듯이 누구나 승리를 위해서는 멋진 샷보다는 공이 살아 있도록 만드는 '실리적인 골프'를 해야 한다는 것이다.

2005년 US오픈골프대회에서 마이클 캠벨이 생애 첫 메이저 왕관을 차지했다. 캠벨은 합계 280타로 골프 황제 타이거 우즈를 2타 차로 제치고 우승했었다. 마이클 캠벨은 마지막 홀에서 우승 퍼팅을 끝내고 걸어 나오며 눈물을 닦았다. 우승 소감을 묻는 기자에게 그는 이렇게 대답했다. "정말 열심히 했습니다. 전 우승할 만한 자격이 있고, 또 했습니다. 제 자신의 승리라고 생각합니다." 골프 황제 타이거 우즈와의 숨 막히는 결전이 계속되며 압박이 그의 가슴을 조여왔던 마지막 라운드의 마지막 10홀 역시 지난 10년의 세월처럼 힘든 여정이었다. "10년을 기다려왔습니다. 좋은 때도 있었지만 부상을 당하기도 했고, 수없이 예선 탈락을 했을 뿐만 아니라 투어 자격조차 얻지 못하기도 했습니다. 하지만 내 마음 깊은 곳에는 해낼 수 있다는 무언가 특별한 것이 있다고 믿었습니다."

  1995년 브리티시오픈에서 플레이오프까지 나가서 우승을 아깝게 놓친 적이 있는 캠벨은 그 이후 단 한 번도 메이저대회에 참여하지 못하고 어려운 시간을 보내며 인내해왔다. 당시 캠벨은 '나는 너무 젊었고, 우승할 준비가 되어 있지 않앉다'고 말한 것으로 알려졌다. 캠벨에게 10년은 견디기 힘든 세월이었을 것이다. 그러나 캠벨은 끈기와 인내로 어려운 세월을 이겨내고, 마침내 그 땅을 짚고 일어난 것이다.

무상을 깨달으면 슬럼프는 없다

이 세상의 모든 현상은 변화한다. 언제까지나 변함없이 빛을 발하고 있을 것이라고 생각한 태양도 시시각각 그 모습을 변화시키고 있다는 사실은 오늘날 과학이 확실하게 증명하고 있다. 정상에 오른 것은 반드시 아래로 내려간다는 것이 대자연의 섭리이다. 해가 정점을 지나면 점차 기울고, 달이 차면 일그러지는 것과 같은 이치이다. 이 세상에 존재하는 그 어느 것도 영구하고 영속하고 영원하고 불변성이어서 언제까지나 그대로인 것은 없다. 한 마디로 '제행무상諸行無常'이다.

　무슨 일을 하건 누구나 슬럼프를 겪는다. 특히 골퍼라면 슬럼프에서 허덕이는 기간이 다를 뿐 대부분이 슬럼프에 빠진다. 이는 골프가 가지는 무상無常하다는 특성 때문이다. 한때 성적이 좋다고 해서 그것이 꾸준할 수 없고, 나쁘다고 계속 나쁘지는 않다는 것이다. 그런데 골퍼들은 이구동성으로 한 번 슬럼프에 빠지면 '어떻게 해야 될지를 모르겠다'고 답답한 심정을 털어놓는다. 이는 골프가 무상無常하다는 사실을 확실히 깨닫지 못한 결과이다.

정상급의 골프 선수에게는 예외 없이 슬럼프가 온다. 여자 골프의 지존 아니카 소렌스탐은 "슬럼프에서 벗어나는 데 무려 5년이 걸렸다"고 고백한 적이 있다. 타이거 우즈 역시 슬럼프에서 벗어나는 데 16개월이 걸렸다.

강욱순 선수가 2008년 8월 제주 라온CC에서 벌어진 한국프로골프 SBS 코리안 투어 조니워커블루라벨오픈 최종 라운드에서 2언더파 70타를 쳐 4라운드 합계 12언더파 276타로 정상에 올랐다. 이 우승은 강욱순이 5년간의 슬럼프에서 벗어나 다시 정상에 오른 특별한 우승이었다.

강욱순은 1999년과 2002년 KPGA 상금 랭킹 1위에 올랐고 1999년부터 3년 연속 KPGA 대상을 받은 선수였다. 아시아프로골프투어에서도 통산 6승에, 1996년과 1998년 상금 왕을 기록하는 등 두각을 나타냈던 선수였다. 그러나 그는 2003년 미국 PGA 투어 퀄리파잉스쿨에 도전했다가 최종일 마지막 홀에서 30센티미터 퍼팅을 놓치면서 1타 차로 탈락한 뒤에 겪은 심한 마음고생으로 슬럼프에 빠졌다. 결국엔 골프를 그만둘까 하는 생각까지 하게 되었다고 한다. 그렇다고 쉽게 포기할 수도 없었다. 강욱순은 슬럼프에서 빠져나오기 위해 명상을 하고, 차를 즐겨 마셨다. 그리고 이제는 명상의 최고 단계까지 경험하고 있다고 한다.

골프에서 슬럼프는 누구나 겪는 것이다. 그 원인에 대해서는 심리적인 문제라고 하기도 하고, 기술적인 문제라고 하기도 한다. 그러나 복합적이라고 하는 것이 옳다. 심리적 요인에서 비롯된 슬럼프의 극복이 부상의 극복보다 어렵다는 것이 일반적인 이야기이다. 아무리 체력과 기량이 정상이어도 부정적 사고와 불안심리가 잠재의식에 깔려 있다면 경기에 악영향을 주기 때문이다.

슬럼프는 무조건 피하고 싶다고 피할 수 있는 것은 아니다. 그래서 어떤 심리학자는 "슬럼프를 억지로 피하려 하면 도리어 슬럼프의 늪에 깊이 빠지고 만다"고 조언하고 있다.

과거의 영광이 오히려 걸림돌이 될 수도 있으므로 깨끗이 잊고 슬럼프가 도약의 양약良藥이 된다는 생각으로 최선을 다하라. 슬럼프 없기를 바라지 말고, 슬럼프를 실력을 기르는 벗으로 삼아라.

우리의 인생살이에는 우여곡절이 있기 마련이고 이를 어떻게 극복하느냐가 중요한 것이다. 조슈라는 톱 레슬러가 슬럼프에 빠져 사장인 안토니오 이노키에게 은퇴를 신청했지만, 이노키는 "인생에는 산도 있고, 골짜기도 있다"라고 하면서 무상無常에 대해 이야기했다. 그 말을 들은 조슈가 맹렬하게 훈련하여 다시금 눈부신 활약을 펼치게 되었다는 이야기는 일본 프로 레슬링계에 잘 알려진 사실이다.

골프를 치다 보면 슬럼프에 빠지곤 한다. 그러나 무상을 깨달으면 슬럼프라는 눈앞의 조그마한 변화에 사로잡혀 눈이 멀어버리는 일은 없어진다. 슬럼프에 사로잡히지 않으면 슬럼프는 없다. 조급해 하지 말고 정신만 차리고 있으면 아무리 잘못되어도 파국에 이르진 않는다. 그저 견디고, 참고, 기다려라. 반드시 슬럼프는 사라진다.

인내의 골프로 강한 골프를 만들라

남아프리카공화국의 골프 황태자 어니 엘스는 2002년 네드뱅크 챌린지에서 우승을 차지했다. 어니 엘스는 그 무렵, 4년간 세 번의 우승을 차지하는 저력을 발휘하면서 유난히 강한 면모를 보였다. 전날 4타 차의 단독선두를 질주한 엘스는 보기 없이 버디만 9개를 낚는 폭발적인 샷을 선보이며 콜린 몽고메리의 추격에도 아랑곳하지 않고 2라운드부터 3일 연속 선두를 질주하며 타이틀을 잡았다.

엘스는 경기를 마친 뒤에 "내 골프 인생에서 가장 위대한 라운드 가운데 하나였다"고 우승 소감을 피력하면서, "훈련과 인내를 통해 내 골프가 더 강해졌다"고 말했다. 또한 타이거 우즈의 경우도 자신이 골프를 잘하는 이유 중의 하나는 아버지로부터 인내심을 배웠기 때문이라고 말했다.

우리의 인생과 같이 골프야말로 인내심을 가지고 해야만 좋은 결과를 얻을 수 있는 스포츠다. 사실 훌륭한 골프를 하기 위해서 가장 중요한 것이 인내이다. 그래서 골프를 인내의 게임이라고도 말한다. 누구나 똑같은 가능성을 가지고 있다. 승부는 지칠 줄 모르는 인내심이 있느냐 없느냐의 문제이다. 톰 카이트는 1992년의 전미오픈으로 메이저대회 첫 우승을 차지하기까지 인내심을 가지고 22회나 연속으로 도전했다. 대부분은 몇 차례 이기지 못하면 쉽게 포기해버린다. 그러나 톰 카이트는 매번 자신이 우승할 것이라고 믿고 끝까지 포기하지 않았기 때문에 1992년의 페블비치 메이저에서 첫 우승을 차지할 수 있었다.

경기에서 승리를 하기 위해서뿐만 아니라 매순간 샷을 잘하기 위해서도 인내심을 길러야 한다. 세계적인 선수인 그렉 노먼은 트러블 샷을 잘하기 위해서는 먼저 인내심을 가져야 한다고 지적한다. 공이 깊은 러프에 들어가거나 숲 속에 들어간 경우 심호흡을 하고, 화가 나더라도 참고 다음 샷에 집중할 것을 권하고 있다. 이 또한 작은 인내심이라고 할 수 있다. 승리를 위해 무조건 공격적으로 임하지 않고 안정적인 샷을 구사하여 스코어를 관리할 수 있는 인내심도 필요하다.

2007년 마스터즈 토너먼트에서는 잭 존슨 선수가 4라운드 합계 1오버파 289타를 기록하며 생애 첫 메이저대회 정상에 올랐다. 잭 존슨의 승리는 인내를 통한 승리로 평가되고 있다. 존슨은 "스코어를 지키려고 노력했다. 그러면 우승할 수 있다고 확신했다"고 말했다. 존슨은 드라이버 샷의 평균거리가 276.3야드로 랭킹 157위에 불과한 선수였다. 그러나 샷의 정확도(페어웨이 안착률 71.72%-11위)와 퍼트(평균 1.742개)는 나무랄 데 없었다. 대회 당시의 빠른 바람 때문에 장타자들이 곤욕을 치르는 사이에 존슨은 특기를 살려 나갔다. 존슨은 파5홀에서 2온의 유혹을 뿌리치고 한 번도 두 번째 샷을 그린에 올리려고 시도하지 않았다. 까다로운 코스에서 모험을 최소화한 '인내 골프'의 승리였다.

무슨 일을 하거나 성공이라는 열매를 거두는 데 지름길은 없다. 닭이 병아리를 부화하는 과정을 보자. 알을 품고 앉는 것이 어미닭이 해야 할 가장 중요한 의무이다. 매일 꾸준히 알을 품어주면 어미닭의 체온으로 새끼는 자란다. 여기에서 더 나아가 둥지에 비가 들이치지 않도록 날개를 펴서 살짝 덮어줘야 한다. 또 무겁게 깔고 앉아 깨뜨리지 않도록 조심해야 한다. 충분한 시간을 두고 알을 품고 있으면 자연스럽게 부화에 필요한 온기를 주게 된다. 껍질 속의 새끼는 부리와 발톱이 자라고 나날이 껍질은 얇아진다. 대략 3주면 건강한 병아리는 껍질을 깨고 밖으로 나온다. 이와 같은 과정에 충실치 못했다면, 알은 곧 썩고 병아리는 생명을 얻을 기회를 잃게 되고 만다.

골프를 잘하기 위한 노력도 이와 같다. 꾸준히 기술과 정신력을 연마해야 한다. 마치 하나의 작은 달걀이 부화의 인내와 고난을 통해 노란 병아리가 되듯이 훌륭한 골퍼는 오랜 세월 동안의 값진 인내를 통해 태어나는 것이다. 한두 번의 실수로 게임을 포기하는 골퍼들이 있는 반면에, 많은 실수를 하면서도 포기하지 않고 끝까지 참고 견디는 사람도 있다. 모든 일이 자기 마음대로 되지 않듯이 골프도 절대로 마음먹은 대로 되지 않는다. 실수를 잘 극복하는 사람만이 진정한 골프를 맛볼 수 있다.

골프의 홀론적 접근

"하나를 보면 열을 알 수 있다"는 말을 우리는 익히 알고 있다. 과연 이것이 어떻게 가능할까? 이것은 부분과 전체의 유기적 관계성이 파악되어 있을 때만 가능한 일이다. 그리고 여기에는 단순한 부분의 합슴이 전체가 되지는 않는다는 대전제가 저변에 자리 잡고 있다.

오늘날 이와 같은 '부분이 전체이고 전체가 곧 부분이다'라는 홀론적 접근법은 우리 인간의 행동이나 사회현상과 같은 복잡한 대상을 파악하고 분석해서 해결하는 데 결정적인 수단이 되고 있다. 최근에는 홀론적 제조 시스템, 홀론적 네트워크 경영도 등장했다.

헝가리의 사회철학자 아더 케슬러Arthur Koestler는 1967년에 출간한 그의 저서 《기계 속에서의 유령》에서 시스템이 '한 부분으로서 전체의 성격을 띠고 있다'는 생각을 정리하고, 그러한 성격이 있는 것을 '홀론holon'이라고 했다. 그의 주장은 모든 시스템은 부분이 전체와 유기적 관계를 갖는다는 것이다. 홀론은 그리스어인 holos(전체)와 on(부분, 입자)을 합쳐서 만든 말이다. 즉 홀론이라는 말은 부분이면서 동시에 전체라는 뜻으로, 다시 말하면 부분이면서 전체이고, 또한 전체이면서 부분인 두 얼굴을 가진 야누스적 실체라고 할 수 있다.

이러한 홀론적 생각은 이제까지 전체를 구성하는 기본 요소를 분석하고 그것으로부터 거슬러 올라가는 것, 가령 자동차가 고장 났을 때 기계의 어느 부분에서 고장이 났는지를 찾아내 부품을 바꾸는 것과 같은 서구의 요소환원주의要素還元主義의 한계를 극복할 수 있는 동기가 되었다. 그러나 이것은 동양적 전통으로는 새로운 개념이 아니다.

동양의학에서는 오래전부터 인체의 각 부분이 신체 모두의 상태를 반영하고 있다고 보았다. 또한 질병과 고통은 단지 인간의 육체적 차원에서만 영향을 받는 것이 아니라 그 전체성에 있어서, 즉 육체와 정신적 전일체의 전체성 측면에서 영향을 받는 것으로 보았다. 불교에서는 '일즉다 다즉일一卽多 多卽一', 즉 부분이 전체가 되고, 전체가 부분과도 같다는 것을 기본 철학으로 삼았다.

골퍼들은 누구나 골프 기량을 향상시키려는 목표를 가지고 있다. 이러한 목표를 효율적으로 달성하기 위해서 우리는 사고의 패러다임을 바꿀 필요가 있다. 우리는 새로운 홀론적 사고로 골프의 각 부분과 전체를 유기적으로 연계할 수 있으며, 나아가 골프의 기량도 향상시킬 수 있을 것이다.

사실 골프에서 부분과 부분을 너무 세분화하여 분석, 강조하고, 지나치게 부분적으로만 따지다 보니 전체적으로 조화시키지 못한다는 점도 많이 지적되고 있다. 가령 전체적인 스윙을 고려하지 않고 슬라이스나 훅을 교정하는 경우, 이로 인해 오히려 스윙이 나빠진 경우도 있을 것이다. 이와 같이 부분을 고쳤으나 전체적으로는 전혀 개선되지 않는 경우를 우리는 자주 경험하는데, 이러한 경우는 전체성의 결여에서 오는 것이다. 마치 수술은 성공했는데 환자는 얼마 후 죽었다는 이야기와도 같은 맥락이다.

골프 스윙을 나누어보면 크게는 둘에서 열까지의 부분으로 나누어지나 작게는 무수한 부분으로 나눌 수 있다. 각 부분에 대한 지시와 지침은 이루 헤아리기 어려울 정도로 많다. 그립 한 가지만 보아도 무수한 설명과 지시, 지침이 있으나, 이 모든 것이 전체적 스윙과 연관지어 이해되고 실행되어야 한다는 것이다.

골프는 공을 쳐 날리는 경기이기 때문에 아무래도 임팩트를 중요시한다. 물론 그 순간의 클럽 헤드가 보는 방향이나 스윙의 궤도가 공 나가는 탄도를 좌우하게 되는 것은 사실이다. 그러나 임팩트는 아주 짧은 순간에 이루어지는 현상이어서 그 부분만을 구분해서 따진다는 것은 무의미하다. 스윙이 공을 치기 위한 동작이기는 하지만, 친다는 것에만 너무 신경을 쓰게 되면 단지 클럽 헤드를 공에다 맞히는 것으로 끝나고 만다. 그보다 임팩트를 스윙이라는 전체적인 큰 흐름 속의 한 부분으로 생각해야 한다. 스윙 궤도상에 공이 있고, 그 공에 헤드가 맞고 지나가는 순간이 결과적으로 임팩트가 되는 것으로 생각해야 하는 것이다. 어쨌든 부분 부분이 아닌 공을 치는 순간의 전체적 이미지를 자기 나름대로 가져야만 스윙이 발전한다는 뜻이다.

그린에 올라가 퍼팅을 하는 경우를 생각해보자. 퍼팅을 잘하는 사람일수록 전체와 부분이 관련된 바를 잘 파악한다. 그린의 정상과 최저 지점 등 그린 전체의 경사를 파악한다. 물이 높은 곳에서 낮은 곳으로 흐르는 자연의 법칙대로 공도 높은 곳에서 낮은 지대로 굴러와 멈춘다. 따라서 그린 전체의 경사를 읽어내야 공의 흐름을 파악할 수 있다. 경사를 읽기 위해서는, 우선 그린의 가장 높은 지점과 가장 낮은 지점이 어딘지 찾아낸다. 이렇듯 전체 경사가 어떻게 이루어져 있는가를 먼저 관찰함으로써 전체 속에서 자신이 처한 부분적 위치 상황을 파악해야 한다.

골프 스윙에서 부분과 전체 그리고 이들의 유기적 관계는 매우 중요하다. 기본 개념은 거리보다 목표라고 할 수 있다. 이러한 목표를 달성하기 위해 골프 스윙을 세분하여 분석할 필요가 있다. 분석 순서는 스윙 전체, 그리고 스윙의 각 부분, 그리고 다시 스윙 전체를 연구하게 된다. 이것은 단지 스윙에서 부분이나 전체만을 강조할 수 없기 때문이다. 우선 몇 가지로 적당하게 구분을 지어 스윙을 배우고 그 방법들을 효과적으로 반복하여 운동할 수 있도록 한다. 그 다음 스윙의 기계적 요소들과 운동 역학적인 스윙 요소가 한데 어울려 스윙 전체의 개념이 형성되고, 우리가 추구하는 기본적이고 절대적인 스윙 전체에 대해 인식하도록 한다. 이렇게 부분과 전체, 전체와 부분이 서로 밀접한 관계 속에서 작용할 때 스윙은 완성되는 것이다.

우리가 자연을 감상할 때 나무, 풀, 꽃, 하늘, 구름, 바다, 곤충, 새 등, 이 모든 부분을 전체적으로 또는 부분적으로 보는 것과 같이 골프 할 때도 '일즉다 다즉일一卽多 多卽一', 즉 부분이 전체가 되고 전체가 부분과도 같다는 홀론적 입장을 기본 철학으로 삼아야 할 것이다.

지금이라는 순간에 충실하라

순간의 연속이 곧 영원이기 때문에 순간을 잘 살 수 있으면 영겁을 잘 살 수 있다. 그래서 선사禪師들은 한결같이 순간순간 깨어 있으라고 강조한다. 러시아의 대문호 톨스토이가 남긴 간단한 우화에서도 '지금 이 순간'의 중요성을 알 수 있다. 한 제자가 현자에게 "선생님, 저에게 제일 중요한 때가 언제입니까? 저에게 가장 중요한 일은 무엇입니까?"라고 물었다. 그러자 스승이 "너에게 가장 중요한 때는 바로 이 순간이다. 너에게 가장 중요한 일은 지금 하고 있는 그 일이다!"라고 대답했다.

그렇다. 누구에게나 가장 중요한 시간은 바로 지금 이 순간이다. 지금 이 순간을 잡지 못하면, 미래도 없다. 지금을 어떻게 보내느냐에 따라서 내일의 모습이 달라진다. 그러므로 지금 이 순간을 소홀히 하는 것은 가장 어리석은 일이다. 과거를 너무 많이 생각하면 판단이 둔해지고 미래를 너무 많이 생각하면 눈앞의 일이 보이지 않는다.

왜 골프에서 지금이라는 순간이 중요한지를 한번 생각해보자. 우리가 골프를 할 때 지금이라는 순간을 놓아버리고 지나간 미스 샷을 생각하거나 지금 하려는 샷의 결과를 미리 생각하면 크게 낭패를 본다는 뜻이다.

집중력을 높이기를 바라는가? 라운드 중에 집중력을 유지하기를 바라는가? 그리고 두려움이나 공포를 느끼지 않고 경기하기를 바라는가? 물론 그렇다고 대답할 것이다. 그렇다면 지금이라는 순간에 충실한 플레이를 펼칠 수 있도록 마음을 훈련하라.

지금의 순간에 플레이를 하는 것은 분명히 현재에 존재한다는 것을 의미한다. 과거나 미래에 관한 어떤 생각 또는 우려가 없을 때 현재에 존재한다고 할 수 있다. 현재라는 상황적 진실을 제외하고는 아무것도 존재하지 않는다. 과거는 현재로 당신을 데려왔고 현재는 당신의 미래를 창조한다. 과거나 미래에 관한 어떠한 생각도 골프 경기력을 저하시키는 한 요인이 될 수 있다.

지금 현재를 설명하는 것은 쉬운 일이다. 어려운 것은 존재하는 유일한 것이 현재라는 사실을 인식하는 일이다. 다른 것은 모두 욕망의 상상 속에 있다. 강한 정신력을 가진 골퍼는 현재가 가장 중요하다는 것을 이미 알고 있으며, 과거나 미래의 결과에 대해 우려하지 않고 경기를 한다.

본능적으로 지금 현재에서 플레이 할 수 있으려면 시간과 노력이 필요하다. 불행하게도 많은 골퍼들이 과거와 미래에 머무르려 한다. 지금 이 순간에 플레이를 할 수 있으려면 마음을 닦으면 된다. 지금 이 순간에 머무는 길을 찾아야 한다. 이것을 일컬어 수행이라 한다. 수행하지 않고 얻으려 하는 것은 나무 위에서 물고기를 구하려는 어리석음과 다를 바 없다. 지금 이 순간에 주목하라. 다른 어떤 것에도 마음을 쓰지 말고 오로지 지금 이 순간에 충실하라.

골퍼들 중 당연히 잘하는 사람이 있고, 반면 못하는 사람이 있다. 그런데 스스로 나는 왜 이 정도밖에 안 되냐고 한탄하는 이가 있다. 그것은 어리석은 생각일 뿐이다. 지금 이 순간에 충실하면 전수 홀이 충실해진다. 지금 이 순간이 나의 골프를 결정한다는 생각, 골프는 바로 여기서부터 출발해야 한다. 지금 이 순간을 즐기며 영원처럼 살아라. 당신의 골프나 삶에서 행복을 얻을 수 있는 비결이다.

열정에 불을 붙여라

독일의 철학자 헤겔은 세상에서 열정 없이 이루어진 위대한 업적은 없다고 말했다. 우리가 거두는 성공은 모두 열정이라는 공통된 뿌리에서 비롯되는 것이다. 어떤 상황에서도 일을 포기하지 않고 끝까지 추진하는 힘의 원천은, 바로 우리의 가슴속에 끓어 넘치는 열정이다. 열정은 성공을 가능하게 만드는 내면의 힘을 극대화할 수 있다. 그래서 꼭 필요한 한 가지 자질만 남겨놓고 다른 자질은 모두 포기해야 한다면, 열정을 남겨두어야 한다는 말도 있다.

세상을 통솔하고 인도하고 지배하는 것은 열정적인 사람들이다. 열정적인 사람의 삶은 한 줄기 빛과 같다. 그의 생각, 정신 그리고 열정은 후손들에게 의욕을 북돋워주는 역할을 할 것이다. 세계 자동차 경주의 '황제' 미하엘 슈마허는 평소 "우승을 향한 열정이 없어지면 스스로 은퇴하겠다"고 밝혀 그의 카 레이싱이 열정 그 자체임을 나타내었다.

오늘날에는 어느 분야에서나 열정 있는 사람을 원한다. 피터 드러커는 "사명감을 갖고 하나만을 억척스럽게 물고 늘어지는 사람만이 어떠한 일이든 성취해낼 수 있다"고 했다. 어떠한 일이든 해내는 바로 이러한 사람이 열정적인 사람이다. 세계적으로 성공한 기업으로 손꼽히는 제너럴일렉트릭과 월마트도 '열정은 가장 중요한 기업의 가치'로 여기고 있다.

2006년 6월 미국 컬럼버스의 뮤어필드 빌리지 골프장에서 개막된 메모리얼 토너먼트에 출전한 청각장애 골프 선수 케빈 홀은, 성적은 부진했으나 끝없는 도전정신 때문에 주목받았다. 그는 두 살 때 뇌막염을 앓아 청력을 잃었으며, 이 대회에는 특별 초청 선수로 출전했다. 앞서 다른 두 대회에도 초청 출전했으나 컷 탈락을 한 그는 "골프는 쉽든 어렵든 나의 열정이다"라고 말하면서 앞으로도 계속 도전할 뜻을 내비쳤다.

　많은 사람들이 열정의 중요성을 강조하지만 열정을 갖고 있지 않은 사람도 많다. 훌륭한 골퍼가 되고자 하는 열망과 꿈을 갖고 골프를 시작했지만, 시간이 흐르면서 어느 사이엔가 모든 것이 흐릿해지고 마는 것이다. 반복되는 패배, 희망 없는 생활, 그 밖에 자질구레한 것 등 신경 쓸 일은 끝이 없다. 그러니 골프에 대한 열정은 늘 고갈되기가 쉽다. 열정을 자극하는 일들은 여러 가지 이유로 뒷전으로 밀려난다.

　타이거 우즈가 골프 황제로 불리는 것은 그가 세계 랭킹 1위이기 때문이 아니라 1라운드 113위의 기록을 4라운드에 가서 4위까지 끌어올리는 열정이 있기 때문이다. 몇 년 전 미국 PGA챔피언십에서 우즈가 첫날 1라운드에서 보여준 성적은 5오버파 75타 113위였다. 하지만 우즈는 2라운드에서 합계 144타 62위로 컷오프를 겨우 통과했고, 3라운드에선 66타로 20위에 올랐으며 4라운드에서는 결국 68타로 공동 4위를 차지했다. 이때 우즈가 최악의 상황을 극복하고 4위까지 오를 수 있었던 힘은, 바로 골프에 대한 그의 열정이었다.

흔히 열정이라고 하면 환상적인 것으로 생각하지만 사실 열정은 고통과 시련을 통하여 영글어진다는 것을 골퍼들이 명심하길 바란다. 연필은 항상 스스로를 깎아내는 노력 없이는 연필로서 기능을 다할 수 없다. 가장 뾰족하게 깎은 연필만이 가장 가는 선을 그을 수 있다. 열정은 가능성에 불과했던 것이 현실이 될 때까지 마음을 확고하게 다지는 것이다. 그래서 열정은 형극의 용광로를 거쳐서 제련된다. 패배라는 것이 존재한다는 사실을 잊어버리고 열정에 불을 붙이자.

벼랑 끝에서 한걸음 앞으로 나아가라

어떤 목적이나 경지境地에 도달하였어도 거기서 멈추지 않고 더욱 노력하라는 뜻으로 '백척간두진일보百尺竿頭進一步'라는 말이 있다. 글자 그대로 새기면 백척간두는 백 척이나 되는 대나무 끝이고, 진일보는 그 높은 대나무 끝에서 한걸음 나아가는 것이다. 이는 마치 벼랑 끝에 간신히 버티고 서 있는 사람에게 앞으로 나아가라는 것과 같다. 허공을 나는 재주가 없는 이상에야 백척간두에서 진일보한다는 것은 죽음을 의미한다. 그러니 이 말은 죽음의 두려움을 무릅쓰고라도 앞으로 나아가라는 뜻이다.

본래 이 말은 중국 고승 장사경잠長沙景岑 선사의 말이다. 백척간두란 깨달음을 구하는 길에서 절대의 경지를 말하는 것인데, 꾸준히 수행을 쌓고 또 쌓지 않으면 도달하기 힘든 곳이다. 그러나 백척간두 그 자체에만 머물러 있어서도 안 된다는 것을 장사경잠 선사는 "백척간두에 서 있는 사람이 비록 진리를 터득했다고는 하나 아직 참이라 할 수 없다"라고 경계하였다.

진정한 의미에서 최고의 골프 선수가 되는 것은 쉬운 일이 아니다. 한두 번 우승하였다고 최고의 선수 자리에 올랐다고 할 수 있겠는가? 최고의 경지에 이르는 길은 멀고도 험난하다. 절체절명絶體絶命의 위기 순간에 서기도 하고 때로는 부진의 바다에 빠져 허우적거리기도 하면서 끝없는 인고의 세월을 보내야 한다. 최고의 선수가 되기 위해서는 작은 성공에 안주하지 말고 백척간두에서 다시 한걸음 나아갈 수 있는 과감한 용기가 필요하다. 미국이나 영국 투어에서 한 번 우승한 프로 골퍼라도 그 자리에 안주해서는 안 된다는 것이다. 안주는커녕 사실은 그 자리에 오르는 것도 매우 어려운 일이지만 말이다.

잘 알다시피 세계 대회에서 한 번이라도 우승하는 것도 하늘의 별따기이다. 그러나 여러 차례 큰 대회에서 우승 기록을 세운 선수들도 있다. 이들은 분명 다른 선수들과는 무엇인가 달랐다. 오랜 역사를 가진 브리티시오픈에서 30년간에 걸쳐서 두 번 이상 우승한 선수는 해리 바르돈, J. H 테일, 그리고 개리 플레이어 Gary Player 등 세 명이나 있다. 이 중에서 해리 바르돈은 여섯 차례나 우승한 기록이 있다. 이러한 기록은 한 번의 우승에 안주하지 않고 한걸음 앞으로 나아간 결과라고 볼 수 있다.

그러면 어떻게 해야 백척간두에서 한걸음 앞으로 나아갈 수 있는가? 사람들은 백척간두에서 발을 떼면 떨어져 죽는다는 생각 때문에 나아가지 못하는 것이다. 얼마나 힘들여서 도달한 경지인가. 얼마나 어렵사리 쌓아올린 자리인가. 그것들을 잃으면 죽는다는 생각 때문에 감히 버리지 못하는 것이다. 그러나 과감히 버리는 것이 진일보이다. 살자고 하면 죽고, 죽자고 하면 산다는 말의 의미를 생각해보라.

하지만 분별하고 헤아리는 마음이 있을 때에는 한걸음 나아가지 못한다. 이는 분별하고 헤아려서 집착하기 때문이다. 분별하고 헤아리고 집착하는 마음을 버려라. 그래야 벼랑 끝에서 한걸음 앞으로 나아갈 수 있다.

모든 골퍼들이 비록 백척간두까지는 도달하지 못하였더라도 최선最善 위에 최선이 있다는 생각으로 계속적으로 골프를 연마한다면 자신이 바라는 수준까지 실력을 끌어올릴 수 있을 것이다. 쉬지 않고 육체적으로 노력하는 길만이 자신의 골프를 완성하는 길이다. 골프는 몸으로 깨닫는 것이다. 깨달음을 얻은 골퍼는 골프에서 어떤 상황에 맞닥뜨리더라도 현명하게 대처해나갈 수 있다.

우리에게 요구되는 강인한 근성과 정신은 우리의 몸에 내재되어 있지만
우리 스스로에게도 그것이 어느 정도 강인한지는 알 수 없다.
또한 그것은 우리의 눈으로 볼 수 없기 때문에 우리의 몸에
이렇게 작용하여 어느 정도의 힘을 내는지도 알 수 없다.
자신의 내면을 볼 수 있는 것은 오로지 자기 자신 외에는 없다.
최고의 골퍼가 되고 싶다면 우선 자신의 내면을 관찰하라.
또한 자신을 믿는 방법에 대해서도 배워라.
당신 자신 안에는 긍정적인 생각을 할 수 있는 힘과
그것을 이루어낼 수 있는 능력이 있다.

골프에서 세상을 깨달아라

제4장

골프삼매의 경지에 도달하라

우리나라 선수들이 세계 무대에서 좋은 성적을 올리고 있을 뿐만 아니라 골프 인구가 크게 늘어나면서 골프는 이제 인기 스포츠로 거듭나고 있다. 골프를 바라보는 우리 사회의 시각도 일부 부유층이나 특권층이 누리는 사치성 레저 활동에서 '누구나 즐기는 대중 스포츠'로 바뀌어가고 있다. 흔히 "운동 한번 하자"라는 인사말을 '골프 한번 치자'는 뜻으로 받아들일 정도로 대중화되었다. 반가운 일이다.

  사실 골프는 재미있게 즐길 수 있으면서도 정신을 강조하는 스포츠인데도, 태권도, 유도, 궁도 등과 같이 정신을 단련하는 '구도수단求道手段의 반열'에는 쉽게 끼지 못했다. 최근에 와서야 대중 스포츠로 자리매김하면서 정신력을 길러주는 데 유익한 스포츠로 주목받고 있다. 하나의 스포츠가 단지 놀고 즐기는 유희遊戲에 머무르지 않고 또 다른 무엇을 줄 수 있다는 점은 골프의 커다란 장점이라고 할 수 있다.

골프를 한 번쯤 접해본 사람들이라면 누구나 골프가 정신력, 즉 집중력이 관건인 운동이라는 말에 기꺼이 동의한다. 집중했을 때 경기력도 좋아지고, 집중할 수 있는 요소도 많다는 점에서 골프는 빠져들 수밖에 없는 매력을 지녔다.

무엇에 집중하여 빠져드는 상태를 이야기할 때, '삼매三昧'라는 단어를 떠올리게 된다. 독서삼매, 바둑삼매, 서도삼매 등…. 골프에 매료되어 빠져 있다면 '골프삼매'라는 말도 가능할 것이다. 하지만 골프삼매는 간혹 부정적인 의미로 사용되기도 한다. 마치 다른 일을 하지 않고 골프만 하는 것으로 말이다. 〈파이낸셜 타임즈〉가 세계 최대의 헤지펀드인 타이거펀드를 키워낸 줄리안 로버트슨이 뉴질랜드 북부 해안의 골프장에서 '골프삼매'에 빠져 있다고 근황을 전한 기사나, 오래전 우리나라 언론에서 농번기에 고위 공직자가 '골프삼매'에 빠져 있다고 비판한 기사의 경우가 그것이다. 당시 그들은 집중해서 골프를 친 게 아니라 단지 골프를 쳤을 뿐일 텐데도 말이다.

삼매의 사전적 의미는 오직 한 가지 일에만 마음을 집중시키는 것으로, 범어인 사마디Samadhi를 음차한 것이다. 한자로는 '정定' 또는 '정正'이라는 뜻으로, 바로 '선정禪定'을 말한다. 불경에서는 삼매를 '보보성성염념 유재아미타불步步聲聲念念 唯在阿彌陀佛'이라고 표현했다. 걸음을 걸을 때 한 걸음도 놓치지 않고, 소리마다에도 염불하는 소리를 담고, 한순간도 다른 생각하지 않고 염불만 왼다는 말이다. 이와 같이 매순간 모든 행동이 한곳에 모여 있는 것이 바로 삼매인 것이다. 또한 '상수멸삼매想受滅三昧'라는 용어에서 알 수 있듯이, 삼매三昧는 사유와 감각을 동시에 중지하는 것을 뜻하기도 한다. 그러므로 삼매는 사유를 중지하고 하나에 집중해 자아실현을 할 수 있도록 돕는다.

우리는 사는 동안 자신의 잠재능력을 최대한 개발함으로써 삶의 가치를 찾을 수 있다. 그리고 이 과정에서 몰입沒入하고 몰아沒我되며, 무아지경에 이르는 삼매三昧에 도달하게 된다. 이와 같은 삼매의 경지에 도달하면 무한한 기쁨과 행복을 느끼게 되는 것이다.

붓글씨를 쓸 때는 그것이 서도書道의 경지를 이루어야 한다. 서도의 경지는 서예가뿐 아니라 붓글씨를 쓰는 사람이면 누구나 경험할 수 있는 경지이다. 온 마음을 다해 붓글씨를 쓰는 순간에 탐내고, 성내고, 어리석은 마음은 사라지며, 인간의 맑고 깨끗한 모습이 나타난다. 참다운 삶을 찾고 훌륭한 인격을 갖추려면, 나를 잊고 너를 잊고 우리를 잊는 삼매의 체험이 무엇보다 필요하다. 항상 구불구불 다니는 뱀이 대나무 통 속에 들어가서야 비로소 곧게 설 수 있는 것과 같이 우리의 마음은 삼매를 얻은 뒤에야 바르게 되는 것이다.

골프의 경우도 이와 같다. 아무 잡념 없이 순간에 집중하면 골프삼매의 경지에 도달할 수 있다는 것이다. 재미로, 혹은 놀이로만 골프를 하지 마라. 골프의 도道에 오르도록 힘써보라. 골프 자체에 몰입하고 있다면 샷을 잘해보겠다는 세속적인 욕심이 감히 어떻게 침입하겠는가? 오직 코스와 클럽과 내가 일체로 존재할 뿐이다. 춤추는 사람이 궁극에는 춤과 하나가 되듯이 말이다. 춤이 절정에 이르렀을 때

춤추는 사람은 춤 속으로 스며들어야 한다. 거기엔 춤추는 사람은 없고, 오로지 춤만이 존재해야 한다. 골프에서 궁극적으로 당신 자신을 게임 속으로 융해시킬 때 삼매의 경지에 도달하게 될 것이다. 가장 격조 높은 골프의 경지가 바로 이것이다. 그렇다! 분명 우리는 골프를 통해 자신을 발견하고, 자아를 실현할 수 있다. 자기를 찾은 목수木手처럼 말이다.

새로 절을 짓고 있는 장소에서 세 사람의 목수가 나무를 다듬고 있었다. 그중 멍청한 표정을 짓고 있는 사람에게 물어보았다. "당신은 지금 무엇을 하고 있습니까?" 그 사람은 "나는 나무를 다듬고 있습니다"라고 답했다. 다음 사람은 피곤한 표정을 짓고 있었다. 그 사람에게 같은 질문을 하자, "나는 돈을 벌고 있습니다"라고 대답했다. 나머지 한 사람은 즐거운 표정을 하고 있었는데, 같은 질문을 하자 "나는 부처님을 모실 절을 짓고 있습니다"라고 말했다.

골프의 진정한 재미는 자유롭고 바른 마음을 가질 때 맛볼 수 있다. 마음 내킬 때 언제나 칠 수 있는 여유, 치면서 무엇에도 연연하지 않는 여유가 중요하다. 골프삼매에 들어보라. 자신의 마음이 바르게 될 것이다. 골프를 통한 자기발견, 자아실현이 가능할 것이다.

몸을 통해 골프를 수련하라

"매일 하는 수련이 영적 깨달음을 낳는다"는 말이 있다. 우리는 꾸준한 자기 수련을 통해 통찰력과 능력을 얻을 수 있다. 수련하는 하루하루는 승리로 이어지고, 게으른 하루하루는 패배로 이어진다.

우리가 흔히 말하는 수련이란 무엇을 갈고닦아서 어떤 경지에 이르게 하는 것을 뜻한다. 종교이든, 스포츠이든, 무술이든, 예술이든, 학문이든, 어떤 분야에서나 적용될 수 있다. 당신이 하고 있는 일이 어떤 일이든지 갈고닦으면 궁극적인 경지에 오를 수 있다는 이야기다.

이때 무엇을 위해서 경지에 오르고자 하는지가 중요하다. 우주의 이치를 탐구하기 위해서, 아니면 건강을 위해서, 자신의 참모습을 알기 위해서 등, 무엇을 위해서든 수련의 궁극적인 목표가 될 수 있다. 목표가 분명해야만 진정한 수련이 가능하다. 맹목적인 수련은 방향 표시가 없는 지도와 같다.

그렇다면 골프에서도 수련이라는 말을 할 수 있는가? 골프도 목표 경지를 가진 수련의 대상이 될 수 있다. 골프 수련의 목표는 간단히 말해, 자신의 마음과 몸을 단련하고 스윙을 연마해 즐겁게 골프를 하면서 핸디캡을 최대한 줄이는 것이다.

일반적으로 수련의 과정을 '문사수聞思修'라고 하는데, 듣고 생각하고 마지막에는 수련한다는 것이다. 그러므로 골프 수련은 먼저 마음과 몸, 그리고 스윙에 대해서 배우고 올바로 인식하는 데에서 출발해야 한다. 이러한 올바른 인식을 통해서만이 수련이 시작될 수 있다. 특히 경지에 도달하는 근본적인 에너지는 마음의 힘이라는 것을 깊이 인식하는 것이 중요하다. 골퍼들이 마음의 작용을 대수롭지 않게 생각하고 자기 마음의 주인공이 되지 못한다면, 수련은 불가능하며 난파선처럼 흘러갈 수밖에 없다.

그 다음으로는, 골프에 대한 모든 것을 체험하는 일이다. 골프는 철학이 아닌 과학이기 때문에 '왜(why)'도 중요하지만 '어떻게(how)'가 더욱 중요하다. 그래서 골프는 구체적 방법에 의한 체험이 중심이 된다. 단지 인식만 한다면 자칫 생각에만 머물러 실제적인 지혜를 놓칠 수 있으므로 체험을 통해 그것을 보충해야 한다. 체험은 당연히 몸으로 하는 것을 말하며, 골프의 모든 것은 몸을 통해 나타난다. 그러므로 골프에 대한 인식과 체험이 잘 어우러지면 결과적으로 목표로 하는 경지에 도달할 수 있는 지혜가 생긴다.

박세리 선수는 2001년 4월, 미국 LPGA 투어 롱스드럭스 챌린지에서 우승함으로써 시즌 2승과 함께 개인통산 10승을 달성했다. 2000년 9월 전담코치 톰 크리비를 영입하면서 새롭게 각오를 다진 박세리는 피나는 동계수련을 통해 자기를 단련하고, 경기에 임해서는 마음의 평정을 잃지 않았던 것이다.

사실 골프 수련은 매우 간단하고 쉬운 것으로 생각되지만, 다른 한편으로는 매우 어려운 일이기도 하다. 성공적인 수련을 위해서는 수련 목표가 명확해야 하고, 꾸준하게 수련할 수 있는 성실함이 필요하다. 하지만 꾸준히 한 가지에 정진한다는 것은 말처럼 쉬운 일이 아니다. 수련을 어렵게 하는 요인이 우리 외부에 존재하는 것이 아니라 우리 자신 내부에 존재하기 때문이다. 우리 안에 도사리고 있는 내부의 혼란은 수련을 끊임없이 방해하는 적군이다. 많은 골퍼들에게 마음의 눈을 뜨라고 하는 것도 진짜 수련은 내부에서 은밀히 이루어지기 때문이다. 옛날부터 기술은 알기 쉬워도 도道는 얻기 힘들고, 설사 기술을 얻는다 해도 노력 없이는 도를 이루는 이가 드물다고 했다. 이것은 도를 깨닫기 위한 수련이 이해와 인식의 문제만이 아니라는 뜻이다.

일찍이 석가모니의 제자들이 스승에게 숨겨진 깨달음의 비밀을 가르쳐 달라고 하자, "나는 항상 손바닥을 펴고 있고, 모든 것을 다 보여주고 있지만, 너희들은 그것을 알지 못하고 있다"고 했다. 마찬가지로 많은 골프 지도자들이 그 비밀을 다 펼쳐 보이고 있지만, 많은 골퍼들이 골프의 비밀을 올바로 인식하지 못하고 체험하지 못하고 있다. 꾸준한 수련만이 인식과 체험을 통해 지혜로 나아가는 수단이며, 궁극적으로 모든 것의 본질을 알게 되는 길이라는 것을 깨달아야 한다.

경지에 도달한 공자가 어떻게 처신해도 법도法道에 어긋

남이 없었던 것처럼, 꾸준한 수련을 해온 골퍼라면 언제나 훌륭한 경기를 펼칠 수 있을 것이다. 진리는 아무에게나 그 비밀을 알려주지 않고, 오직 꾸준히 수련해 지혜를 얻은 자에 의해서만 밝혀질 뿐이라는 것을 골퍼들은 마음에 새겨야 할 것이다.

퍼팅은 정신으로 제어하라

퍼팅에 관한 한, 정신을 운운하면서 기본 기술의 중요성을 과소평가할 생각은 전혀 없다. 하지만 퍼팅에 대한 기술만 익혔을 때와 정신적 능력을 결합시켰을 때는 그 결과에서 큰 차이를 보인다는 점을 지나칠 수는 없다. 정신론으로 퍼팅의 모든 것을 설명할 생각은 없지만, 퍼팅의 정신에 대해서 한 번쯤은 진지하게 생각할 필요는 있다고 본다.

왜 퍼팅에서 정신을 말하는가? 그 이유는 골프의 전 과정에서 퍼팅이 매우 중요하며, 퍼팅을 할 때 정신이 더욱 강조되어야 하기 때문이다. 실제로 골퍼들이 경기 중에 가장 많이 사용하는 것이 퍼터이며, 퍼팅을 잘하는 것이 스코어를 줄이는 가장 빠른 길이라고 할 수 있다. 골퍼가 토너먼트에서 승리를 거두는 경우는 과감하고 안정된 퍼팅이 가능했을 때가 대부분이다.

실제로 퍼팅 그린을 보면 완전히 평평하지 않기 때문에, 그린의 경사와 잔디 결, 홀까지의 거리, 방향성을 염두에 두고 정확하게 퍼팅 하기가 매우 어렵다. 목표 방향을 정확하게 설정했더라도 퍼팅 스트로크를 제대로 못하면 공이 원하지 않는 방향으로 가게 된다. 퍼팅은 그만큼 어려운 육체적 동작이다. 예를 들어 골퍼가 정확히 조준했다고 가정할 때, 10미터 퍼팅을 성공시키기 위해서는 한쪽 방향으로 0.31도의 여유밖에 없다. 이는 눈으로는 분간하기 어려운 매우 작은 각도이다. 더욱이 경사가 있고, 잔디 결도 일정하지 않은 실제 그린 위에서 롱퍼팅을 성공시키기란 매우 어려운 일이다. 골퍼들 사이에서 퍼팅을 잘할 수 있는 노하우가 골프의 비법 중의 비법으로 공공연하게 이야기되는 것에서도 퍼팅의 어려움을 짐작해볼 수 있다.

퍼팅에서는 방향보다 세기가 중요하다, 그립은 어떻게 하라는 등, 퍼팅을 잘하기 위한 방법은 여러 가지가 있다. 하지만 그러한 방법들은 기술적인 문제들이며, 정작 가장 중요한 것을 놓치고 있다. 바로 정신이다. 정신만으로 퍼터를 잘 다룰 수 있는 것도 아니고, 공을 자유자재로 움직일 수 있는 것도 아니다. 하지만 정신이 퍼팅을 성공시키는 중요한 열쇠라는 사실은 분명하다. 정신이 몸을 지배하고 몸이 퍼터를 제어하며, 이 제어된 퍼터의 스트로크에 따라 공의 스타트와 힘이 달라진다. 공의 스타트를 제어하는 것이 골퍼가 할 수 있는 전부이다. 골퍼들 중 어느 누구도 잔디, 경사 등의 환경까지 제어할 수 있는 능력은 없다. 오로지 골퍼가 할 수 있는 것은 공에 최적의 스트로크를 가하도록 정신을 제어하는 것뿐이다.

공에 최적의 스트로크를 가하느냐 못하느냐 하는 문제는 정신의 영향을 많이 받는다. 스트로크를 하려면 왠지 불안하고 의심이 생기는데, 이를 없애기 위해서는 의식적으로 어떻게 해보겠다는 생각조차 버리는 것이 좋다. 무조건 마음을 비워야 한다. 불안하고 의심스러운 마음을 단지 불안하고 의심스러운 마음 그 자체로 봄으로써 마음을 비워야 한다. 불안한 마음은 나쁜 것도 아니고 그렇다고 좋은 것도 아니다. 단지 그만한 조건과 원인으로 생겨난 마음의 또 다른 성품인 것이다.

골퍼라면 언제라도 이런 불안이나 의심스러운 마음을 가지게 된다. 특히 그린에서 퍼터를 대했을 때는 드라이버 샷을 날릴 때보다 마음이 더 초조하여 괜한 걱정에 휩싸이게 된다. 이런 마음을 있는 그대로 편하게 보라. 그것을 억지로 없애거나 나타나지 않기를 바라는 마음만으로는 절대 안 된다. 그렇게 되면 마음이 더 불안해지고 결과가 의심스러워진다. 퍼터를 쥐는 순간에는 온갖 잡념을 몰아내고 퍼팅을 하는 자신을 믿어야 한다.

퍼팅에서는 섬세한 기술과 강한 정신력이 요구된다. 바로 기정병진技精竝進, 즉 기술에는 반드시 정신이 실려야 한다는 원칙이 퍼팅에서도 예외가 아니다. 정신이 반드시 기술과 함께할 때 본연의 능력이 나온다. 기술만 있고 정신이 없다면 깊이가 없어 완전하지 못하고, 정신만 있고 기술이 없다면 공허하여 이 또한 완전할 수 없다.

골프의 인과응보

골프와 인과응보因果應報라니, 당치도 않은 소리라고 말하는 골퍼도 있을 것이다. 하지만 골프도 우리 인간의 생각과 행위로 이루어지는 것이니 당연히 인과율因果律이 적용된다고 할 수 있다. 골프에서의 성공과 실패라는 결과는 그에 상응한 원인이 있다는 것이다.

세상만사는 물질적이든 정신적이든 인과율의 적용을 받는다. 우리나라 속담에 콩 심은 데 콩 나고 팥 심은 데 팥 난다는 말이 있고, 성경에는 적게 심은 자는 적게 거두고 많이 심은 자는 많이 거둔다는 말이 있다. 이 말은 소위 우리가 말하는 인과의 법칙인 것이다. 석가모니의 말씀으로는, 반드시 지켜지는 이치가 진리이고, 진리 중에서 가장 대표적인 것이 인과율이라는 것이다. 즉 세상 모든 것에는 원인이 있으면 반드시 결과가 있다.

자연과학사를 살펴보면, 자연을 지배하는 법칙을 알아내려는 인간들의 노력은 기원전부터 계속되어왔다. 하지만 겨우 17세기 말에 뉴턴 역학이 성립된 후에야 모든 자연현상이 정확히 역학법칙에 따라 일어나고 있다는 사실을 밝혀냈다. 그리하여 그동안 신비의 대상이었던 자연 만물들의 이치를 과학적으로 밝혀낼 수 있게 되었을 뿐만 아니라 우리 인간의 사고를 한층 더 발달시키는 데 기여하기도 하였다. 어떤 순간의 상태를 알면 다음 순간에 어떤 일이 일어날 것인지도 역학법칙을 이용하면 예측 가능하다는 생각을 하기에 이르렀다. 이러한 생각이 결정론적 인과율이다.

철학자 데이비드 흄은 우리의 정신에 나타나는 모든 것을 총칭해 지각이라 하였다. 이 지각은 인상印象과 관념으로 나뉘는데, 마음속에 생기는 관념은 외부세계의 어떤 원인에 의해 생긴다고 주장함으로써 인과율을 인정했다.

그렇다면 이러한 인과의 법칙이 과연 골프에도 적용되는가? 골프만큼 훌륭하게 역학법칙과 인과의 법칙이 적용되는 예도 없다. 스윙을 했을 때 날아가는 공에는 속도의 법칙과 관성의 법칙이 그대로 적용되며, 필드의 잔디와 공 사이에는 작용과 반작용의 법칙에 의한 저항이 자리하고 있다. 거리와 방향이라는 결과를 얻기 위한 원인 행위인 스윙은 인과 법칙을 잘 설명해준다. 골프에서 정신적인 측면 또한 인과 법칙으로 설명할 수 있다. 골프에서는 정신의 안정 상태가 중요한데, 스윙이 잘못되면 페어웨이를 벗어나고, 정신적으로 안정되지 못하거나 욕심을 내면 홀 인이 안 되는 것이다. 우리가 흔히 말하는 인과응보의 법칙, 곧 인과율이 골프에도 엄중히 적용되고 있는 것이다.

"골프에서 숙련자는 원인을 두려워하고 초보자는 결과를 두려워한다"는 말이 있다. 골프에 적용되는 인과의 법칙을 깨달으면, 결코 연습을 게을리 할 수 없다. 작은 실수나 걱정에 얽매여 마음을 괴롭힐 필요도 없다. 결과를 보는 것이 아니라 원인을 볼 수 있게 되기 때문이다. 그러므로 훌륭한 골퍼가 되기 위해서는 인과의 법칙을 깨닫는 것이 중요하다. 좋지 않은 결과를 얻고 싶지 않다면 모름지기 나쁜 원인부터 끊어내야 하는 것이다. 항상 좋은 원인만 닦는다면 틀림없이 즐거운 과보果報를 늘 받게 될 것이다.

박세리 선수는, 2001년에 미국 플로리다주 올랜도의 그랜드사이프러스 리조트코스에서 열린 유어라이프 비타민스 LPGA클래식 최종일 경기에서 코스레코드 타이인 8언더파 64타를 몰아치며 합계 13언더파 203타로, 카린 코크 등 공동 2위 그룹을 4타 차로 여유 있게 따돌리고 우승을 차지한 적이 있었다.

이 대회에서 우승한 박세리 선수를 지켜보면 인과의 법칙을 엿볼 수 있다. 박세리 선수의 플레이는 이전과는 확실히 달랐다. 우선 스윙의 크기를 줄였다. 백스윙 톱을 낮추는 대신 플랫 스윙으로 임팩트 때 힘을 더 실을 수 있게 했고, 퍼팅 그립을 오버래핑으로 다시 바꾸어 퍼팅을 안정시켰다. 박세리 선수의 우승은 전담코치와 캐디뿐만 아니라 아이언 등 많은 것을 바꾸면서까지 심기일전한 결과였던 것이다.

만일 골프가 지지부진하다면 지금 자신이 어떤 식으로 골프를 하고 있는지 살펴볼 필요가 있다. 새벽에 일어나 드라이빙 레인지에서 연습을 하고, 자주 사람들과 라운드를 하는 등 자기 나름대로 최대한 노력하는데도 별 진전이 보이지 않는다면, 원인이 분명하게 밝혀지지 않았거나 밝혀졌더라도 원인 행동을 고치지 못하고 있는 경우가 많다.

골프는 인과의 법칙에 따라 움직이는 에너지 장치와 같다. 좋은 일이 일어나지 않는다면, 그것은 자신의 잘못이다. 불교에서 어떤 결과를 낳는 것을 산스크리트어로는 카르마karma,

즉 업業이라고 하며, 업은 의도를 가진 행동을 뜻한다. 그래서 그 결과를 업보業報라고 한다. 골프는 우리가 지은 업만큼, 즉 우리가 투자한 것만큼 반드시 되돌려준다. 그러므로 필드에서 날씨 탓을 하거나 잔디의 상태를 탓하면서 모든 것이 운이 나빠서라고 한탄할 필요가 없다. 골프에서 모든 결과를 운으로 돌리는 것은 인과의 법칙을 무시한, 가여운 패배자들의 변명일 뿐이다. 골프에서는 자신의 의지와 관계없는 것처럼 보이는 어떠한 결과도 사실은 모두 자신이 행한 과보일 뿐이다. 바꿔 말하면, 과보라 할 수 있는 자신의 기량은 스스로의 의지나 행동으로 충분히 쌓을 수 있다는 것이다. 그리고 모든 결과는 그 누구도 아닌 자신의 책임이기에 원인이 되는 하나하나에 충실하라는 것이다.

지금까지 골프를 하는 동안에 일어난 모든 실수를 한번 떠올려보자. 인과의 법칙을 적용하면, 어떻게 해서 스스로 그런 일을 자초하게 되었는지 깨달을 수 있다. 분명히 나쁜 결과에는 원인이 있었다. 인과의 법칙이 다른 사람에게도 적용되고 있는지에 대해서는 신경 쓸 것 없다. 먼저, 자신의 골프에서 원인과 결과를 따져보라. 타수가 줄지 않는다는 결과에는 반드시 원인이 있었을 것이다.

인과응보의 법칙은 바로 지금 당신의 골프 기량을 한 차원 끌어올릴 미묘한 법문法門이 될 것이다. 완벽하게 인과의 법칙을 깨달아야 한다. 완벽한 깨달음에 대한 재미있는 이야기가 있다.

10년간 사사하고 하산하기 직전에 한 제자가 비 오는 날 스승의 방을 찾았다. "우산을 어디에 두었느냐?"라는 스승의 질문에 현관에 두었다고 제자가 대답했다. 다시 스승이 "신발의 왼쪽에 두었느냐 아니면 오른쪽에 두었느냐?"라고 묻자 제자는 답하지 못했다. 그래서 제자는 아직도 완벽하지 못하다는 생각에 다시 10년간 더 공부했다는 얘기다.

인과의 법칙을 완벽하게 깨닫는다면, 아래로는 이제 막 골프를 시작한 초보자로부터 위로는 세계적인 투어 프로에 이르기까지 골프의 기량 향상에 많은 도움이 될 것이다.

인과응보는 미숙未熟을 갈고닦아 숙련熟練을 이끌어내는 거대한 용광로와 같다. 그러므로 맨 처음에 인과법칙의 궁리부터 시작하라. 설사 많은 연습을 하더라도 인과응보에 대한 궁리가 모자라면 당신의 골프는 더 이상 발전이 없을 것이다. 인과응보의 원리가 너무 쉽다고 무시하지 마라. 비록 세 살 먹은 어린아이가 할 수 있는 쉬운 말이라도 어른들에게는 어려운 이야기가 될 수 있다.

"골프는 완벽할 수 없는 게임이다." 우리는 대장장이가 은銀으로부터 불순물을 제거하는 것처럼 하나씩 하나씩 점차 실수를 줄여나갈 뿐이다.

깨달은 자만이 골프에서 자유롭다

깨달음이란 말은 단순하지만 심오하며, 짧지만 대단한 위력을 가진다. '한 사람이 득도하면 그가 기르던 닭이나 개까지도 승천한다(一人得道, 鷄犬昇天)'는 말이 있다. 이 말은 중국 진晉나라의 허손이라는 사람이 신선에게서 도술을 배웠는데, 고생 끝에 기술을 완성하여 그가 130세가 됐을 때는 온 가족이 모두 득도하여 승천했고, 집안의 개와 닭까지도 함께 승천했다고 하는 데서 나왔다. 깨달음은 본인에게 돌아오는 혜택은 물론 주변에 대한 파급효과도 아주 크다는 이야기이다. 깨달음이란 너무 거창한 말처럼 여겨지지만, 간단히 그 의미를 살펴보면 어떤 일에 대해 눈을 뜨는 것이다. 이것은 많은 지식을 알고 있는 것과는 별개의 문제이다. 깨달음의 실질적인 내용은 외형적 변화가 아니라 모든 것에 대한 인식의 변화를 뜻하기 때문이다.

프레더릭 렌즈Frederik Lenz는 그의 저서 《히말라야에서 만난 성자》에서 "깨달음을 얻기 전에 나무를 패고 물을 긷는다. 깨달음을 얻은 후에도 나무를 패고 물을 긷는다"고 했다. 이 이야기는 깨달음을 얻기 전과 후를 말하고 있는데, 겉으로 드러나는 행동으로 볼 때 아무런 변화가 없어 보인다. 하지만 깨달음을 얻기 전에는 사고와 관념, 굳어진 생각 때문에 무한한 밝음을 느끼지 못했지만, 깨달음을 얻은 후에는 나무를 패고 물을 긷고 있어도 마음은 환희에 차서 빛난다는 깨달음의 기쁨을 이야기하고 있다.

우리는 골프에 관해 너무나 많은 것을 알고 있다. 국내외 유명 골프 선수들의 이야기는 물론, 세계 각지의 골프장별 코스의 특성, 골프 스윙에 대한 이론 등, 골프에 관한 지식을 두루 꿰고 있다. 지금 당장이라도 골프 교본을 쓸 수 있을 만큼 스윙 방법이나 규칙 등에 대해서 모르는 것이 없다. 그러나 골프는 지식으로 치는 것이 아니다. 우리가 가지고 있는 지식은 열심히 연습하고 본질을 이해해서 자기 것으로 소화할 때, 비로소 생명을 얻는다. 즉 골프를 잘하려면 무엇인가를 깨달아야 한다는 말이다.

구력이 어느 정도 쌓인 골퍼라도 새삼스럽게 '골프는 무엇인가 다르다'는 생각이 드는 순간이 있다. 이때마다 골퍼들은 뭔지 모를 기쁨을 느낀다고 말한다. 대체 무엇 때문일까? 이것은 두 번 다시 똑같은 상황이 일어나지 않고, 몇만 번을 해도 똑같은 샷을 날릴 수 없는, 골프의 속성 때문이다. 라운드마다 비슷한 상황이 벌어지곤 하지만, 상황이 비슷할 뿐 결코 똑같지 않다. 항상 새로운 상황을 맞으니 새로운 샷을 만들어내야 하고 새로운 경험을 할 수밖에 없다. 이러한 과정에서 전에 알지 못한 새로운 것을 깨닫게 되는 것이다.

또 다른 골프의 속성, 즉 한시도 머물지 않고 사라져버리려는 골프 감각 때문에 골프는 언제나 새롭게 느껴진다. 아마도 이 세상에 골프의 감각만큼 붙잡아두기 힘든 것도 없을 것이다. 잠시만 연습을 게을리 하면 골프의 감각은 슬그머니 도망가버린다. 골퍼들에게는 샷에 대해 '바로 이것이야, 이제는 알았어!' 하는 순간이 있다. 샷의 감각을 알았기 때문에 다음부터는 문제없다고 생각하지만, 결코 그 순간의 감각을 붙잡아둘 수 없다. 그렉 노먼은 골프 감각을 유지하기 위해 하루에 2,000개 이상의 공을 친다고 한다.

골프에 관한 한 '이제는 완전하다'는 순간은 결코 찾아오지 않는다. 그래서 골프를 완전할 수 없는 경기라고 말하기도 한다. 진정한 골퍼라면 자나 깨나 골프에 대한 깨달음의 노력을 포기하지 않아야 한다. 골프에서 깨달음을 얻는 길은 먼저 마음을 일깨우고, 그 다음에 마음을 잠잠케 하는 것이다.

첫째, 강렬한 관심을 가져야 한다. 골프를 할 때는 골프의 모든 것, 즉 연습, 장비, 라운드 등에 대해 즐거운 마음으로 관심을 가지는 것이 가장 중요하다. 관심의 정도를 말하자면, 어떤 사람이 지치고 목마른 상태에서 뜨거운 사막을 걷고 있다가 맑은 호수를 보았을 때 그가 그 물에 대해 갖게 되는 관심, 그가 느끼게 될 기쁨, 바로 이것을 관심이라 할 수 있다.

둘째, 관찰력과 주의력을 가져야 한다. 우리는 몸과 마음의 변화를 잘 관찰하고, 지금 이 순간 몸과 마음에 어떤 변화가 일어나고 있는지를 주의 깊게 인식해야 한다. 정신이 멍해지지 않도록 하는 것이다. 우리가 해야 할 일은 다만 그 순간을 예의 주시하는 것이다. 예의 주시야말로 깨달음을 얻는 힘이다. 그리고 몸과 마음이 하나가 되고 전체가 되도록 한다.

셋째, 인내하며 노력해야 한다. 골프는 경험의 게임이다. 따라서 인내하면서 꾸준히 노력하지 않고는 아무것도 이룰 수 없다. 경험은, 곧 노력의 기회이기 때문에 우리가 훌륭한 골프 기량을 습득하려면 우선 상당한 노력을 쏟아야만 하는 것이다. 연습하고 또 연습해서 스윙 기술을 몸에 익히고, 클럽마다의 특성을 파악해서 잘 다룰 수 있도록 해야 한다. 비록 레슨을 받는다고 해도 연습은 각자의 몫이다. 골퍼는 골퍼 자신에게 최고의 코치가 되어야 한다. 어려움에 닥치게 되는 경우 언제라도, 또 언제든지 에너지를 쏟아내면서 자신을 일깨워야 한다.

마지막으로 평정을 얻어야 한다. 평정은 마음의 평형을 의미한다. 버디를 잡았다고 해서 격렬하게 기뻐하는 법이 없어야 하며, 보기를 했다고 해서 의기소침하지 않아야 한다. 사실, 깨달음의 궁극적 목표가 바로 이러한 평정이다.

결국 골프를 잘하려면 깨달아야 하며, 깨달은 자만이 마음의 평정을 얻어 골프에서 자유로워진다는 것을 알아야 한다.

마음의 적을 물리쳐라

모든 존재는 마음의 차원과 그 수준에 따라 살아가게 마련이다. 골프에서도 골퍼 자신의 마음 차원에 따라 성공과 실패가 찾아온다. 사람마다 신체 조건이 다르고 환경이 다르듯이 마음의 차원은 모두가 다르지만, 분명한 것은 그 마음에 따라 성공과 실패가 반드시 결정된다는 것이다.

'골프는 마음으로 한다'라는 말은, 골프의 특성을 잘 반영한 표현이다. 그러나 마음을 다스리는 일은 그리 쉽지 않다. 골프 경기 중에 생기는 여러 가지 심리적 장애를 극복하는 것은 결코 쉽지 않다. '산중의 적은 파하기 쉽지만 심중의 적은 파하기 어렵다(山中之賊易破, 心中之賊難破)'는 경구에서 짐작할 수 있듯이, 천하에 마음 다스리기처럼 어려운 것이 없다.

골프 라운드 중 일어나는 여러 가지 상황이 골퍼의 마음을 평온한 상태로 그냥 내버려두지 않는다. 실제로 어떤 마음의 자세로 경기에 임하느냐, 라운드 내내 어떻게 마음의 평정을 유지하느냐, 미스 샷이 났을 때 어떻게 마음을 다스리느냐가 승패를 좌우한다.

골퍼들이 마음을 어떻게 먹느냐에 따라 실수로 점철된 지옥에 떨어지기도 하고, 환상적인 샷과 퍼팅으로 이어지는 극락에 가기도 한다. 일관되게 바른 스윙을 하려면 마음을 다스릴 줄 알아야 한다. 하지만 골퍼들 중에는 마음 씀씀이 하나하나가 얼마나 중요한지를 모르고 있는 경우가 많다. 사람의 마음에는 수천만 가지의 층하(層下)가 있다. 그런데 사실 그 층하란 무엇이겠는가? 그것은 곧 관념이다. 자기의 생각 여하에 따라 마음의 차원이 달라지므로 생각 하나가 참으로 중요하다.

스리 오로빈도Sri Aurobindo는 《요가의 기초》에서 "마음이 가라앉으면 정신의 바탕은 고요해진다. 아무것도 그것을 혼란시키지 못한다. 사유나 행동이 일어나더라도 마음에서 일어난 것이 아니라 밖에서 생긴 것일 따름이다. 수많은 번뇌와 망상이 일어났다 스러지고 격렬한 사건들이 마음을 스쳐 지나간다 해도, 마음은 영원토록 불멸로 고요히 정지되어 남아 있다"라고 했다.

요가의 전통에서는 마음은 불가분의 두 부분, 즉 심층深層과 표층表層으로 나뉘며, 현대 심리학에서는 이를 의식과 무의식으로 나눈다. 무수한 기억의 저장창고인 심층은 고요하지만 표층은 끊임없는 동요와 혼란 속에 있다. 마음을 다스린다는 것은 심층을 꾸준히 잘 단련해 표층을 완전히 제어하는 것이다. 숏 게임의 지도자 데이브 펠즈는 골프 샷은 무의식에 의존한다고 말했는데, 이는 심층의 중요성을 강조한 것이다.

골프에서의 성공 중 최소한 40%에서 많게는 90%가 심리적 요인, 즉 마음의 상태 때문이라는 것은 널리 알려져 있다. 예를 들면, 골프 황제 잭 니클로스는 심리적 준비가 골프에서 가장 중요한 결정적 요소라고 했다. 마음을 잘 다스림으로써 라운드에서 불안과 공포를 초월하게 되고, 부주의함과 혼란에서 벗어날 수 있는 것이다.

마음 다스림은 본질적으로 골프를 할 때 생기는 여러 가지 외적인 자극들의 영향을 받지 않도록 내적 통찰을 증가시키는 훈련이다. 우리는 여러 가지 감각으로부터 우리의 관심을 철수시키고, 모든 관심을 버림으로써 내적인 고요를 회복했을 때 안정된 샷을 할 수 있다. 마음을 바르게 다스리지 못할 때에는 여러 가지 감각적인 자극들이 커지고, 우리의 마음은 계속 그것들을 따라가게 된다. 그렇게 되면 샷의 안정은 불가능해진다.

마음이 안정되지 못하고 불안하고 초조하면 몸의 근육이 경직되어 평소의 스윙이 나오지 않는다. 또한 화를 내거나 욕심을 부리면 여지없이 미스 샷이 나온다. 훌륭한 골프를 하기 위해서는 이러한 생각이 얼마나 중요하며, 마음을 잘 다스리지 못하면 성공을 기대할 수 없다는 것을 깊이 명심해야 한다.

골프에서 필요한 것은 내면의 힘이다

비록 골프에만 한정된 이야기는 아니지만 우리는 흔히 외형적인 부분만 보고 그 사람의 재능을 평가한다. 그러나 정작 중요한 것은 내면에 있다. 훌륭한 골프 선수가 되는 데 중요한 것은, 자기 자신의 내면을 관찰함으로써 다른 사람에게는 없는 것을 찾아내어 그것을 길러야 한다는 것이다. 이는 우리의 실제라는 것이 자기의 육체, 즉 외형적인 것이 아니라 마음, 다시 말해 내면적인 것이라는 철학을 바탕으로 한다.

흔히들 세계적인 골프 선수는 강한 심장을 가졌다고 말한다. 그들이 무수한 압박을 매순간 이겨내고 있으니 말이다. 세계적인 경기에서 우승한 선수를 평가할 때 우리가 그 선수의 기술보다 정신력, 즉 내면적인 힘에 대해 자주 이야기하게 되는 것은 그만큼 중요하기 때문이다.

우리에게 요구되는 강인한 근성과 정신은 우리의 몸에 내재되어 있지만 유감스럽게도 그것이 어느 정도 강인한지는 알 수 없다. 또한 우리의 눈으로 볼 수 없기 때문에 우리의 몸에 어떻게 작용하여 어느 정도의 힘을 내는지도 알 수 없다. 우리의 눈으로 확인할 수 있는 골프 스윙과는 달라 사진이나 비디오와 같은 도구를 사용해 비교 분석해볼 수도 없다. 자신의 내면을 볼 수 있는 것은 오로지 자기 자신 이외에는 없다.

골프 경기는 우리 내면에 도사리고 있는 우려와 걱정과의 싸움이다. 어떻게 할 것인지를 놓고 우리의 내면에서 치열한 싸움을 하고 있는 것이다. 누구라도 실패를 두려워한다. 우승을 거두기 위해서 자신의 모든 에너지를 집중하고 있는 프로 골퍼라 해도, 마음 한구석에서는 예선을 통과하지 못하면 어쩌나 하는 걱정이 자라고 있다.

최고의 선수가 되고 싶다면 우선 자신의 내면을 관찰하지 않으면 안 된다. 또한 자신을 믿는 방법에 대해서도 배우지 않으면 안 된다. 스포츠 심리학에서 주장하는 바로는 최고의 선수란 '나에게는 좋은 생각, 즉 긍정적 생각을 할 수 있는 능력이 있다는 것을 인정하는 것'에서부터 시작한다.

사람이란 누구라도 부정적인 생각을 하게 되며, 언제나 두려움에 사로잡힐 수 있다. 걱정하고 있는 마음 상태라면 명확한 결정을 할 수 없다. 자신이 먼저 안 된다고 생각해 버리면 강인한 정신을 가지는 것은 불가능하게 된다. 플레이 도중에 마지막 스코어를 생각하면 집중할 수 없게 되는 것도 결과에 대한 우려와 걱정에서 기인하는 것이다.

우리가 걱정을 하느냐 하지 않느냐는 모두 자유 의지이며, 스스로 어느 쪽의 마음 상태가 되느냐 하는 것은 선택의 문제이다. 최고의 골퍼가 되려면 매일 좋은 생각과 기분을 견지하고, 어떤 걱정도 하지 않는 상태를 계속 유지하는 것이 무엇보다 중요하다. 이것이 바로 골프에서 필요한 내면의 재능인 것이다. '진정한 힘은 내면에서 나오는 것이며, 결코 밖에서 오지 않는다'는 사실을 명심하기 바란다.

무의식에 자신을 내맡겨라

아무리 열심히 검술을 수련하였다 하더라도 마음을 무의식 상태로 유지하지 못한다면 제대로 검술을 익혔다고 할 수 없다. 달인의 경지는 무의식의 경지라 한다. 무의식과 본능이 의식의 자리를 대신해야 한다는 말이다. 그런 경지에 오른 후에야 오랜 기간 쌓은 기술을 제대로 발휘할 수 있는 것이다. 그렇게 되면 의식적인 생각을 하지 않아도 손발이 알아서 움직여 최고의 검술을 선보인다. 동작 하나하나에 사활死活이 달린 검술에서는 마음의 짐을 모두 내려놓아야 한다. 그래야만 마음이 방해 없이 흐를 수 있다. 마음에는 티끌만 한 잡념도 없어야 한다.

치열한 전투에서 살아남기 위한 옛날 검술의 수련과 오늘날 세계 무대의 골프 경기에서 이기기 위한 훈련은 유사한 점이 매우 많다. 무사에게는 적을 공격할 때 어떻게 칼을 휘두를지를 생각할 여유가 없다. 무사는 오랜 기간에 걸친 고된 훈련을 통하여 무의식적으로 칼을 휘두를 수 있도록 단련되어 있는 것이다.

마찬가지로 골프 경기에서도 무의식적이고 본능적 차원에서 행동해야 한다. 물론 무의식과 본능에 모든 것을 맡기기에 앞서 반드시 오랜 훈련을 쌓아야 한다. 단순히 무의식적으로 행동해야 한다는 사실에만 머물지 않고 장기간의 훈련을 통한 숙련이 결합되어야 한다. 그리고 숙련이 잠재의식에 의해서 이루어지는 무의식적 행동의 단계에까지 나아가도록 추구해야 한다.

처음에는 자세를 취하는 일이나 스윙 하는 것, 다른 여러 기계적인 기술들을 의식적으로 익히게 된다. 이때 익힌 기술을 바탕으로 연습하고 플레이 하면서 갖게 되는 모든 습관들은 좋건 나쁘건 무의식에 영향을 주게 된다. 그래서 처음 의식적으로 골프를 익히는 단계에서부터 꾸준히 정확한 연습과 플레이를 할 필요가 있는 것이다.

골퍼들은 다양한 상황 아래서 만들어졌던 좋고 나쁜 샷들을 언제나 기억할 수 있다. 골퍼의 잠재의식은 골퍼가 최고의 샷을 쳤을 때 근육, 호흡기 계통 그리고 신경계가 어떻게 움직였는지를 정확하게 상기할 수 있는 것이다. 그 기억이 골퍼가 유사한 조건에서 훌륭한 샷을 재현할 수 있도록 도와준다. 훌륭한 샷에 대한 기억력은 더 효과적으로 완벽한 샷을 시각화하는 데 이용된다. 그리고 무의식은 매일 시각화를 통하여 수천 번의 완전한 스윙을 연습할 수 있도록 도와준다. 하지만 프로나 스포츠 심리학자가 조언하는 "긴장을 풀어라", "집중하라", "심호흡을 하라" 등의 지침들은, 습관화되거나 무의식화될 때까지는 의식적인 집중이 증가하여 부정적으로 작용할 우려는 있다.

　과학자들의 연구결과에 의하면, 같은 에너지를 소모했을 때 의식적 행동보다 잠재의식 상태에서 인간의 뇌가 처리하는 정보가 훨씬 많다고 한다. 의식적 행동은 무의식적 행동에 비하여 더 많은 에너지를 소비해야 한다는 의미에서 비효율적이다. 노련한 선수가 어려운 상황에서도 훌륭한 샷을 해낼 수 있는 것은 오랜 연습으로 생긴 잠재의식을 이용하는 것이다. 의식적으로 계산된 샷보다 무의식 단계의 샷이 성공할 확률이 높은 것이다. 골프에서는 의식과 관계없이 몸을 자유자재로 사용할 수 있을 때 승리할 수 있다.

기다림의 여유를 가져라

우리는 누구나 무언가를 기다린 경험이 있다. 사람을 기다린 적도 있고, 일이나 소식을 기다린 적도 있으며, 무언가가 이루어지기를 기다린 적도 있다. 어찌 보면 사람이 살아가는 것은 무언가를 기다리는 과정이라는 생각이 든다. 그래서 기다림 자체는 우리에게 중요한 의미를 부여하고 있다.

프랑스 작가 발자크는 기다림은 우리의 귀중한 재산이라고 하였다. 대부분 정해진 시간 안에 결과가 올 때보다는 오지 않을 때가 더 많다. 그래서 우리는 기다림에 여유를 가져야 한다. 성급한 판단으로 우리의 오랜 노력과 인내를 헛된 것으로 만들어서는 안 된다. 어떠한 열매라도 무르익어야 맛과 향기를 줄 수 있듯이 기다림은 우리의 삶을 향기롭게 하고 또한 빛나게 한다.

이처럼 골프 경기에서도 목적을 달성하기 위해서는 우선 최선을 다하고 기다릴 줄 알아야 한다. 한 예로, 강수연 선수의 LPGA 생애 첫 우승은 여유 있는 기다림의 결과라고 할 수 있다. 강수연 선수는 2005년 미국 오리건주 포틀랜드의 콜럼비아 에지워터골프장에서 열린 LPGA 투어 세이프웨이클래식에서 우승하였다. 강수연 선수는 처음 미국 LPGA에 진출할 당시 국내에서 상금 랭킹 1위였고 자신감도 높아 금방 우승할 것으로 기대했는데, 성적이 좋지 않아 몇 년 동안 마음고생이 많았다고 한다. 강수연 선수는 대회의 우승 소감으로 "너무 행복하다. 너무나 오래 기다려왔다. 포기하지 않고 열심히 연습한 결과다"라고 말했다. 2004년 브리티시오픈에서도 이변이 일어났다. 18년간 무명으로 승리를 기다린 토드 해밀턴 선수가 제133회 브리티시오픈에서 우승을 한 것이다.

오랫동안 우승을 차지하지 못하면 선수들은 영영 우승하지 못하고 자신의 골프 인생이 끝나는 것이 아닌가 하는 걱정을 많이 하게 된다. 심지어는 자포자기하여 골프를 떠나는 일도 있다. 그러나 기다리면 언젠가는 좋은 날이 온다.

이러한 기다림은 생동하는 적극적인 기다림이 되어야 한다. 막연히 기다리면 무엇인가 이루어진다는 안일한 생각이 아니라 철저히 계획하고 노력하는, 여유 있는 기다림이 훈련 과정에 자연스럽게 스며들어야 한다. 그리고 모든 것을 있는 그대로 받아들여라.

서구에서 영적 지도자로 알려진 에크하르트 톨레Eckhart Tolle는 기다림의 숨은 의미에 대하여 말하면서, 어떤 의미에서 기다림은 현존 상태에 비교될 수 있다고 했다. 그래서 늘 지루해 하고 초조해 하는 기다림이 되어서는 안 되며,

우리가 원하는 것을 얻지 못하게 하는 현재의 상황을 인식하는 기다림이 되어서는 안 된다고 경고했다. 또한 그는 언제 일어날지 모르는 일에 대비해서 고요한 상태에 있는 기다림이 되어야 하며, 긴장감이나 두려움도 없어야 한다고 하였다.

'진인사대천명盡人事待天命'이라는 말처럼, 오늘에 최선을 다하고 하늘이 주는 즐거운 내일을 기다리는 것이 여유 있는 기다림이다. 그러한 기다림은 언제나 우리의 마음을 편안하게 해줄 것이다. 스페인 철학자 발타자르 그라시안 Balthasar Gracian의 말을 기억하라. "바다와 같이 넓은 마음을 터전으로 하는 기다림은 일의 확실한 성취를 보장한다."

어디에도 머물러 있지 마라

우리는 무슨 일을 하나 어디에도 머물러 있지 말아야 한다. 머물러 있는 시간이 길면 길수록 불행하게 된다. 불교 가르침의 핵심은 무상無常이다. 일체 모든 존재는 끊임없이 변한다는 것이다. 잠시도 머물러 있지 않고 찰나로 변한다. 어느 한순간도 멈출 수 있는 것은 없다. 우리의 모든 실패와 불행은 변화를 받아들이지 않고 머물러 있는 데서 온다.

변화하는 것은 어딘지 두렵다. 사람들은 지금 이 모습이 그대로 지속되길 바란다. 많은 사람들은 끊임없이 '변화'한다는 진리를 받아들이지 못하고 '지속'과 '안주'만을 바란다. 지속과 안주 속에 행복이 있을 것이라 착각한다. 그러나 이 세상 그 어디에도 언제까지고 지속되는 것은 없다. 이 세상 그 어디에도 영원히 안주할 수 있는 곳은 없다. 변화한다는 사실이야말로 온전한 진리이다.

타이거 우즈는 2008년 미국 애리조나주 투산에서 끝난 월드골프챔피언십(WGC) 액센추어 매치플레이챔피언십 결승(36홀)에서 스튜어트 싱크 선수를 역대 최고 기록인 8홀 차로 물리친 뒤, "올해는 참가하는 모든 대회에서 우승하겠다는 '의지'를 갖고 있다"고 말했다. 선언적인 의미가 아니라 그렇게 하고 싶다는 의욕을 보인 것이다. 우즈는 유럽프로골프(EPGA) 투어 두바이 데저트 클래식을 포함해 2008년 시즌 3승을 거뒀고, 4연승을 기록했다.

타이거 우즈를 통하여 진정한 승자는 어디에도 머물러 있지 않는 선수라야 한다는 것을 알 수 있다. 타이거 우즈는 현실에 머물러 있지 않고 늘 스스로를 채찍질하며 도전하는 선수이다. 안주하고자 하면 결코 영원한 승자가 될 수 없다는 이야기다. 골프에서는 절대적 우위의 지대란 없다.

우즈는 아주 성공한 프로 골퍼로 꼽힌다. 그러나 우즈는 결코 어디에도 머물러 있지 않는다. 우즈는 좀 더 안정된 스윙을 갖고 싶어 스윙을 바꾸었다. 새로운 코치 행크 하니를 영입하여 자신의 스윙을 교정하였다. 우즈의 달라진 스윙의 핵심은 '싱글 플레인 스윙'으로 어드레스 자세에서 형성되는 클럽 샤프트의 라이 앵글이 백스윙에서 다운스윙까지 일관성 있게 유지하는 것이다. 그러한 노력 속에서 우즈는 항상 백척간두에서 진일보하는 경기를 한다.

이따금 우리는 '머물러 있을 수 있다'는 착각에 빠질 때가 있다. 어느 정도 성공했다고 생각하는 사람들일수록 더욱 그렇다. 어리석게 한 번의 성공을 영원한 것으로 믿고 안주한다면 더욱 쓰라린 실패를 겪게 된다. 한곳에 머물러 있다 보면 한두 번의 성공은 '성공처럼 보이는 실패'가 될 수 있다는 사실을 간과하는 것이다.

프로는 말할 것도 없지만, 골프를 취미로 하는 아마추어 골퍼도 즐거운 플레이를 하기 위해서는 머물러 있어서는 안 된다. 《논어》에 "배우고 때때로 익히면 또한 기쁘지 아니한가(學而時習之 不亦說乎)"라는 말이 있다. 사실 골프를 배우고 연습하면서 실력이 점점 향상되면 매우 즐겁다. 좋은 선생을 만나 골프 기술을 정확히 배우고 새로운 것에 도전하는 것을 게을리 하지 말아야 한다. 골프는 하루아침에 되는 것이 아닐 뿐만 아니라 쉽게 생각할 것도 아니다. 오늘보다 더 나은 내일을 위하여 앞으로 나아가야 한다.

자신을 알면 골프가 보인다

"자신의 어리석음을 아는 자는 이미 '지자智者'이다.", "어리석은 사람이 자신의 어리석음을 깨닫는다면 그가 곧 슬기로운 사람이고(愚者自稱愚 當知善點慧), 어리석은 사람이 스스로를 슬기롭다고 생각한다면 그야말로 진짜 어리석은 사람이다(愚人自稱智 是謂愚中甚)."

이 말은 《법구경》에 나오는 말로 고대 그리스 델파이Delphi의 아폴론 신전에 새겨져 있던 금언 "너 자신을 알라"와 통하는 말이다.

소크라테스는 인간의 지혜가 신에 비하여 보잘것없다는 생각에서 먼저 무지를 아는 엄격한 반성이 중요하다고 여겨, 이 말을 자신의 철학적 활동의 출발점으로 삼았다. 사실 자신을 아는 것은 어려운 일이다. 즉 '너 자신을 알라'라는 말이 자신의 어떤 면을 강조하였든지, 모든 철학의 출발이 자아 발견에서 시작되어야 한다고 생각한 소크라테스의 가르침은 자신의 참 존재를 망각하고 허상을 좇아 생활하기 쉬운 현대인에게 큰 교훈이 아닐 수 없다.

우리가 골프를 할 때 최상의 수행을 하기 위해서는 '자신을 아는 것'이 매우 중요하다. 레이몬드 플로이드 선수는 골프 경기에서 자신을 아는 것이 얼마나 중요한지를 강조하며, 만약 자신의 성격이 승부를 즐길 수 없는 사람이라면 큰 경기에 나서거나 돈을 거는 승부를 하지 말라고 했다.

골프에서 자신을 아는 중요한 단계는 심리 측면의 검토이다. 스타트 홀에 섰을 때 첫 티샷을 실패하면 오늘의 골프는 엉망이 될 것이라는 생각을 한 적은 없는가? 한 번의 실수로 동요하여 결국 다음 샷까지 망치면 어떻게 하나 하고 걱정하지 않는가? 실수를 했을 때 '실수만 없었으면'이라고 후회하는 것은 어쩔 수 없는 인간의 마음이지만, 이러한 걱정들은 모두 자신의 약점으로 작용할 뿐이다. 이외에도 골퍼들이 가지고 있는 심리적 약점은 무수히 많다.

사람들의 성격이 각자 다르듯이 골프 라운드에서 나타나는 심리적 약점도 각자 다르다. 사람에 따라서 집중을 하지 못하거나 사고 패턴이 부정적인 경우도 있다. 그래서 자신의 약점은 스스로 파악해야 한다. 〈멘탈 체크〉라는 체크리스트 프로그램도 있으니, 꼭 한 번 체크해보면 좋다. 자신의 약점이나 단점이 무엇인지를 알면 개선하는 데 도움이 된다. 보통 실력이 우수한 선수는 우수하지 않은 선수에 비하여 검사 결과, 자신감과 의욕에 높은 점수를 보이며, 긍정적이며 자기실현의욕 등도 강한 것으로 나타난다. 만일 자신감이 결여되어 있다는 결과가 나오면 전문 심리치료를 받거나 연습을 많이 하고 공격적으로 플레이 하도록 해본다. 그리고 집중력이 부족한 것으로 나타나면 잡념을 없애는 훈련을 한다. 라운드 시에는 이미지 트레이닝의 한 방법으로 이전에 잘했던 스윙을 떠올리며 플레이 한다.

실제 라운드와 관련한 멘탈 체크를 보면, 스코어가 나쁘거나 시합에서 지고 있으면 불안한가, 동반 경기자의 말이나 태도에 영향을 받는가, 충분한 워밍업을 하는가, 예상하지 못한 일이 생기면 냉정하게 대처하는가 등 상당히 구체적으로 심리적인 상태를 점검하고 있음을 알 수 있다.

인간이 자기 자신을 의식하기 시작하면서 끊임없이 던져온 '너 자신을 알라'라는 명제는 아직도 인간은 자신이 누구인지를 정확하게 알지 못한다는 것을 반증한다. 오늘날 우리는 '너 자신을 알라'라는 자신의 요구 앞에 무지와 당황을 경험한다. 우리는 자신을 잘 알고 있다고 생각한다. 하지만 사실은 자신에 대해서 잘 알지 못한다.

골프에 있어서 자신을 알라는 것은 객관적인 자기를 알기를 요구하는 것이다. 훌륭한 선수가 되기 위해서는 먼저 자기를 알고 자기를 수용하고, 그리고 진정한 자기가 되라는 것이다. 그래서 자기 자신을 제대로 알면 골프가 보인다.

무엇이나 대충 하지 마라

우리가 무슨 일을 할 때 가장 피해야 할 것이 바로 '이 정도면 괜찮겠지' 하는 대충주의이다. 하지만 우리에게는 일의 경중을 떠나 '이 정도면'이 아니라 일의 선후관계, 행동의 차등 등을 아우르는 합리적이고 유연한 사고방식이 필요하다. 흔히 말하는 '모로 가도 서울만 가면 된다'는 식의 사고방식은 문제를 더욱 복잡하게 만들 뿐이다. 이러한 방식으로 보자면 방법이 어떻고 본질이 어떻든 그다지 골몰할 필요가 없을지 모른다. 그러나 본질을 알고 접근하는 것은 돌아가는 수고를 덜어주는 일이다.

골프에서도 무엇이든 대충대충 해서는 좋은 결과를 얻을 수 없다. 골퍼라면 누구나 샷을 하기 위해서 자세를 취할 때 뭔가 어색한 느낌을 경험한 적이 있을 것이다. 뭔가 잘못되었다는 막연한 느낌이 들 때도 있고, 어디가 잘못되었는지 구체적으로 알지만 귀찮은 생각에 그냥 넘어가버릴 때도 있다. 하지만 어느 경우라도 "괜찮겠지, 그냥 치자!"라고 생각하고 경기에 임하면 심각한 결과를 초래할 뿐이다.

한 번의 샷이라도 건성으로 대충 생각하고 친다면 경기를 망치게 될 뿐이다.

대단한 프로 골퍼들도 경기 중에 대충대충 하는 경우가 자주 있다. 예를 들면, 미셸 위 선수는 2005년 10월 미국 LPGA투어 삼성월드챔피언십 프로 데뷔전에서 '드롭 장소 실수'로 실격을 당했고, 콜린 몽고메리 선수도 인도네시아 오픈 때 천둥번개 때문에 경기가 일시 중단되자 공을 마크를 하지 않고 집어 올리고, 경기가 재개되자 대충 공이 있었다고 '추정'되는 곳에서 경기를 속행하여 다른 선수들의 항의를 받은 일이 있다.

무엇인가 잘못되었다고 느끼면서도 서둘러 대충 샷을 하는 이유가 무엇일까? 매순간 충실하지 못하기 때문이다. 예를 들면, 카트까지 되돌아가기 귀찮아서, 아니면 다른 사람이 기다리니까 그냥 대충 하는 경우가 많다. 특히 티샷을 할 때 동반자들을 너무 의식한 나머지 티에서 물러나 충분한 준비를 하지 않는다.

대충 하지 않기 위해서는 완전한 준비가 필요하다. 확실한 샷의 계획을 세워야 한다. 만약 계획이 마음에 들지 않거나 자기와 맞지 않으면 다시 확실한 계획을 세워야 한다. 예를 들어, 이런 경우들이다. 잔디가 패여 나간 디보트나 주변 잔디가 마음에 걸린다. 심지어 공 옆에 놓인 나뭇잎까지도 신경을 자극하고 지나치게 왼쪽이나 오른쪽을 겨냥하고 있다는 느낌이 들 수도 있다. 그것이 무엇인지는 정확히 알 수 없어도 무엇인가 잘못되었다는 느낌이 들면 반드시 다시 준비해야 한다.

대충대충 샷을 하는 습관을 버려야 한다. 조금 힘들다고, 아니면 귀찮다고 대충 하다 보면 대충주의가 몸에 배게 된다. 경기의 방향을 바꿔주고 승패를 좌우하는 모든 일들을 대충대충 해서는 안 된다. 무엇이든 꼼꼼히 점검해야 한다. 샷을 할 때 목표 지점까지의 정확한 거리는 얼마인지, 바람의 방향과 속도는 어떻게 되는지, 그리고 그린의 상태는 어떠한지를 신중하게 파악해야 한다. 특히 후반으로 넘어갈수록 육체적·정신적인 피로로 인하여 집중력이 떨어져 대충 공을 치게 되므로 체력과 정신력의 안배가 필요하다.

"모든 순간이 다아 꽃봉우리인 것을, 내 열심에 따라 피어날 꽃봉우리인 것을!"이라는 어느 시인의 시 한 구절을 상기해본다. 모든 순간이 꽃봉우리라…. 이는 매사 어느 것 하나 적당히 넘기지 말고 대충 하지 말라는 경종과 같은 것이다. 그렇다, 우리는 매순간 충실해야 한다.

매순간 깨어 있어라

깨어 있음Mindfulness이란, 지금 이 순간에 깊이 머무는 마음을 일컫는다. 다른 말로는 자신이 지금 하고 있는 일을 알아차림, 즉 지금 자신이 하는 생각과 행동을 잊지 않고 있음을 뜻한다. 다시 말해 자신의 마음이 과거에 붙잡혀 있지 않고 미래로 달려가지도 않으며, 오직 현재에 살아 있어 모든 것을 있는 그대로 보는 것을 이르는 것이다.

만일 우리가 깨어 있지 않으면 오감으로는 볼 수 없는 세계, 즉 절대의 세계를 볼 수 없다. 그래서 깨어 있는 자만이 모든 것을 여실하게 볼 수 있다고 한다. 그리고 순간순간 움직이는 내 몸과 마음의 변화를 놓치지 않고 보기 위해서 우리는 깨어 있어야 한다. 깨어 있지 않으면 듣고 있어도

들을 수 없고, 보고 있어도 볼 수 없다는 말이다.

　행복하고 즐겁게 살고 싶으면 깨어 있으라는 말이 있다. 깨어 있다는 것은 우리의 삶의 터를 닦는 것이다. 건물을 지을 때도 터가 잘 닦아져야 집을 지을 수 있듯이 우리의 생활을 잘 꾸려가기 위해서는 깨어 있음으로써 터를 잘 닦아야 한다. 그래야 무엇이든 마음대로 할 수 있는 것이다. 깨어 있는 상태에서는 모든 것이 지금에 집중된다. 꿈, 기대감, 사고, 기억을 위한 자리는 없다. 그리고 그 속에는 어떠한 두려움이나 긴장감도 없다.

　현재의 순간에 존재할 때 우리는 여러 가지 생각에서 벗어나 있게 된다. 이것이 바로 깊이 깨어 있는 상태인 것이다. 하지만 주의력이 약해지면 여러 가지 생각이 밀려오게 된다. 이때를 경계해야 한다.

　골프에서도 지금 여기에 깨어 있을 때 좋은 결과를 얻는다. 한 마디로 현재에 충실해야 된다는 말이다. 지나간 홀에서 저지른 실수를 생각하거나, 라운드가 끝날 즈음의 스코어를 예측하는 것은 도움이 되지 않는다. 과거나 미래에 대한 생각에 매달려 눈앞에 있는 일에 대한 자각이 부족해지면 잘못된 결정을 내리게 되고, 실수를 하게 된다. 그래서 골프에서는 눈앞의 공에 집중하라고 하는 것이다.

골프를 할 때 집중을 해야 한다고 하지만, 사실 집중하기가 쉬운 것은 아니다. 이것은 현재의 순간에 완전히 깨어 있지 못하기 때문이다. 대부분의 시간을 과거와 미래에 대한 생각에 사로잡혀 있는 것이다. 골프에서 지나간 실수를 생각하거나 미래에 대한 기대를 하는 것은 치명적인 일이다.

골프에서는 매순간 충실해야 한다. 공에 접근하여 자세를 취하고 스윙을 하는 매순간 깨어 있어야 한다. 이것이 바로 깨어 있는 골프가 된다. 코스를 걷고 숨 쉬고 공을 치는 것을 다 깨어 있는 마음으로 한다면 그 모든 행위가 자신에게 좋은 결과로 돌아오게 된다. 골프 치는 우리 자신의 몸과 마음을 알아차리는 것이야말로 최상의 골프를 할 수 있게 하는 수단이 된다. 특히 골프 스윙은 우리의 생각에서부터 비롯되기 때문에 마음속에서 일어나는 내면의 변화에 주의를 기울여야 하는 것이다.

우리는 모두 깨어 있는 능력, 즉 알아차리는 능력을 가지고 있다. 그리고 우리가 경험하는 모든 것을 알아차리는 능력은 일상생활에서도 훈련을 통해 더욱 계발되고 향상될 수 있다. 그러나 무슨 능력이든 사용하지 않으면 없어지듯이 우리의 알아차리는 능력도 사용하지 않으면 끝내는 그 능력을 잃고 말 것이다. 이러한 알아차리는 능력은 우리의 삶에서도 대단히 중요하다. 어느 순간에도 깨어 있어야 골프에서뿐만이 아니라 인생에서 진정한 성공의 기쁨을 맛볼 수 있는 것이다.

결코 한순간도 포기하지 마라

우리는 처음에 품었던 꿈들이 시간이 흐르면서 점차 퇴색되어가는 걸 느끼게 되는 경우가 많다. 다시 시작 단계로 돌아갈 수 없다는 아쉬움이 아니라, 앞으로 어떻게 해야 할지 막막한 현실이 우리를 더욱 견디기 힘들게 하는 것이다. 그래서 이제는 너무 늦어버렸다는 생각이 들면 모든 것을 쉽게 포기하기도 한다. 성공은 고사하고 실패나 하지 않을까 하는 걱정 때문이다. 그러나 어떤 경우에도 결코 포기하지 마라. 지금부터라도 늦지 않았다고 생각하라.

모든 훌륭한 성취의 이면에는 숨어 있는 공통점이 있다. 그중에 중요한 하나는 포기하지 않는 것이다. 자신의 꿈이나 희망을 포기하지 않고 끝까지 가지고 가면 결국에는 실패에서도 벗어날 수 있을 뿐 아니라 크게 성공할 수 있는 길이 열리게 된다.

유명한 정치가 윈스턴 처칠이 옥스퍼드대학 졸업식에서 행한 짧고 강력한 축사는 유명하다. 처칠이 우레 같은 박수를 받아가며 위엄 있게 졸업식 연단에 걸어 나간 후, 청중을 바라보면서 한 첫마디가 "포기하지 마라!"였다. 그러고는 처칠은 천천히 청중을 둘러보았다. 사람들은 그의 다음 말을 기다렸다. 처칠은 목청을 가다듬고 다시 소리쳤다. "포기하지 마라!" 그러고는 그는 연단을 내려갔다. 처칠은 세계평화를 위해 싸웠던 지도자였으나 사실 그는 비참한 현실을 견뎌왔고, 60세부터 인생의 전성기를 맞은 사람이다. 불행한 가정, 가난, 배반, 패배로 얼룩진 삶을 살았지만, 그는 끝내 포기하지 않는 인생을 산 인물로 유명하다.

어떤 경우든 우리는 희망을 버리고 포기하면 안 된다. 골프도 마찬가지다. 포기하지 않으면 골프는 언제나 역전이 가능하다. 즉 골프란 반복되는 실수와 완벽하지 못한 플레이를 인정하는 가운데 벌이는 게임이기 때문에 끝까지 최선을 다해야 한다. 아주 형편없는 경기를 펼치면서도 마지막까지 포기하지 않고 남은 홀을 잘 마무리하여 즐거운 마음으로 경기를 끝내야겠다고 마음먹어야 한다. 자신을 잃지 않고 희망을 가지며, 낙심하거나 포기하지 않아야 때가 찾아왔을 때 좋은 결과를 거둘 수 있는 것이다. 가끔 벙커에서 친 공이 홀에 바로 들어가거나, 칩샷이 그냥 홀에 빨려 들어가는 것처럼, 마음을 비울 때 간혹 행운이 찾아오기는 한다. 하지만 이러한 축복은 포기하는 자에게는 절대로 찾아오지 않는 법이다.

2000년 마이애미의 도랄 골프리조트에서 열린 도랄라이더 오픈대회에서 짐 퓨릭이 우승하였다. 짐 퓨릭은 최종라운드 중반까지 프랭클린 랭햄에 6타까지 뒤졌지만, 후반 아홉 개 홀에서 여섯 개의 버디를 잡아내는 뒷심을 발휘하며 합계 23언더파 265타로 역전하여 우승컵을 안았다. 2, 3라운드에서 선두를 유지해온 랭햄은 퓨릭의 맹추격을 받자 부답감을 느꼈는지 샷이 갑자기 난조에 빠졌다. 13, 14, 17번 홀에서 연속 보기를 해 랭햄은 첫 우승의 꿈을 허무하게 날려버린 것이다. 여기에서 주목할 것은 짐 퓨릭이 우승할 수 있었던 가장 큰 이유는 결코 희망을 버리지 않았기 때문이라는 것이다. 당시 짐 퓨릭 자신도 스스로 이길 수 있다고 믿지 않았다면 결코 일어날 수 없는 일이었다고 말했다.

골프에서는 어떤 상황에서도 결코 포기하지 않아야 한다. 선두와 타수가 많이 벌어져 있더라도 언제나 만회가 가능하다. 스코어가 좋지 않으면 누구나 힘들고 괴롭다. 그렇다고 결코 포기하지 마라. 많은 승리자들은 고난을 극복하고 결국 성공을 거머쥐었다. 계속되는 실패와 고난 속에서도 어려움을 떨치고 일어날 수가 있어야 한다.

운명의 열쇠는 내 안에 있다

우리는 모든 것을 바깥에서 구하고자 하는 경향이 있다. 그러나 우리가 찾는 길은 바깥에 있지 않고 바로 우리의 안에 있다. 비록 내가 갈구하는 것이 밖에 있는 것이라 할지라도, 그것을 구하고 그것을 쫓는 길은 내 안에 있으니 결코 바깥에서 구하지 마라(切莫外求).

우리는 왜 바깥을 이리저리 헤매기 전에는 자신이 소중하다는 사실을 알지 못하는 것일까? 그것은 어리석음 때문이다. 그 어리석음으로 인해 여러 가지 분별을 만들어내고, 그 분별에 의해 우리는 언제나 밖으로만 향하게 되는 것이다. 이렇듯 진리라는 것은 아주 먼 곳에 있는 것이 아니다.

진리가 먼 곳에 있는 것이 아니라, 아주 가까이에 있음을 노래한 〈봄을 찾아서探春〉란 한시漢詩가 있다. 이른 봄날, 시인은 하루 종일 봄을 찾아 나선다. 그러나 시인이 애타게 찾던 봄은 그 어디에도 없었고, 그는 지쳐서 집으로 돌아왔다. 그런데 우연히 집 앞의 매화나무 끝을 본 순간, 정작 봄은 이미 그곳에 와 있었다.

온통 성공적인 샷으로 가득 찬 골프가 과연 가능할까? 그것은 거의 불가능한 일이다. 아니, 어쩌면 골프는 실수의 연속이라고 말할 수 있다. 그래서 우리는 무수한 좌절과 시련을 겪게 되지만, 그렇다고 주저앉을 수는 없다. 우리는 길을 찾아야 한다. 그 길은 바깥에 있는 것이 아니라 바로 우리 안에 있다.

　세계적으로 유명한 선수와 함께 골프를 치게 된 어느 갑부가 있었다. 그 갑부는 여러 시간 동안 같이 골프를 친 다음에 "오늘 당신이 내가 골프 하는 모습을 지켜봤을 텐데, 무엇을 고쳐야 한다고 생각합니까?"라고 물었다. 갑부는 대단한 기술을 알려줄 거라고 기대했겠지만 그 선수의 대답은 간단명료했다. "헤드업 하지 마세요." 스윙을 할 때 머리를 들지 말라는 수칙은 너무나 잘 아는 기본인데, 그 단순한 진리를 실천하지 못했다는 뜻이다. 그러니까 진리는 멀리 있는 것이 아니라 가까운 데 있었던 것이다. 골프는 그 성격상 직관적·무의식적으로 이루어진다. 그리고 심리적으로는 상당히 즉흥적이고 반사적이다. 특히 그린 주변에서의 칩샷이나 그린에서의 퍼팅을 보면 다분히 반사적인 동작이다. 따라서 의식을 깊고 넓게 확장함으로써 모든 생각과 행동을 뜻대로 다스릴 수 있는 내면의 힘을 길러야 한다. 따라서 안정된 동작, 거리감 그리고 방향감 등은 골퍼의 내면적 습득 목표가 된다.

우리는 라운드 중에 여러 가지 상황을 접하게 된다. 예를 들어, 바람이 분다거나 공이 치기 어려운 지점에 놓인다거나 하는 경우뿐만 아니라 오히려 좋은 기회를 만날 경우도 있다. 이때 우리는 내면의 잠재능력을 동원해 해결해나가지만 실수를 자주 하게 된다.

많은 사람들이 실수의 원인을 정확히 찾지 못하는 것은 문제의 열쇠를 바깥에서 찾기 때문이다. 모든 문제는 내 안에 있다. 나의 깨닫지 못한 마음(無明)이 근본 원인인 것이다. 예를 들어 실수를 할지 모른다는 생각을 하면 그 순간부터 불안해진다. 경기에서 패배할 것이라는 생각을 하면 떨리고 긴장이 된다. 내가 하는 샷이 잘 될지 모르겠다고 생각하면 두려워진다. 하지만 이러한 모든 생각들을 내려놓는다면 한결 마음이 편안해진다. 좋은 결과를 얻으려면 지금까지 밖으로 향하던 눈길을 이제부터는 안으로 돌려라. 운명의 문을 여는 열쇠는 다름 아닌 내 안에 있다.

그러므로 골프는 도다

일찍부터 동양사상에서는 기술의 완성은 마음에서 비롯되고, 기술은 종국에 도道로 나아가게 된다는 생각을 바탕에 두고 있다.

중국의 장자莊子는 기술 중에서 최상의 기술을 신기神技라 일컬으며, "신기는 심술心術 또는 심법心法에 바탕을 두고 있다"고 강조했다. 장자《양생주養生主》편에 이런 이야기가 나온다.

'포정包丁'이라는 백정이 문혜군(양나라의 혜왕) 앞에서 소를 잡는데, 몸놀림이나 칼 쓰는 소리가 모두 음률에 정확히 맞았다. 몸놀림은 상림의 춤(은나라 탕왕이 상림이라는 수풀에서 기우제를 지낼 때 추던 춤)과 비견할 만했고, 칼 소리는 경수의 장단(요임금 때의 음악)을 연상케 했다. 그야말로 최고라 칭하기에 손색이 없는 솜씨였다. 문혜군은 놀라움을 금치 못하여 "아, 참으로 훌륭하구나. 소를 잡는 기술이 이런 경지에 오를 수 있다니!"라고 극찬했다. 이에 포정은 "제가 따르는 것은 도道로서, 기술을 앞섭니다. 처음 소를 잡기 시작했을 때는 오직 소만 보이더니, 3년이 지난 뒤에는 더 이상 소가 보이지 않게 되었습니다. 지금은 오직 마음으로 일할 뿐, 눈으로 보지 않습니다"라고 답했다.

포정의 말에 의하면 단순히 머릿속의 지식이 아니라 그의 모든 열정과 노력을 소를 잡을 때 쏟아 부어서 그런 경지에 이르게 되었다는 것을 알 수 있다. 포정의 마지막 경지가 무엇일까? 겉모습도 안 보이고, 부위별로도 안 보이고, 마지막엔 칼이 지나가야 할 틈만 보인 것이다. 뼈와 근육과 힘줄 사이에 있는 자기의 칼이 지나가야 할 길, 즉 도道를 깨닫는 득도得道의 원리를 알았다는 것이다.

이 예화는 기술의 본질을 이야기하고 있다. 기술은 마음에서 완성되며, 이것이 결국 도에 이르게 된다는 주장이다. 기술은 인간의 실천행동 중 하나이므로 마음과 분리되지 않으며(不離一體), 그렇기에 기술 향상을 위해서는 마음을 다스리는 심법이 필요하다.

동양사상에서는 육체와 정신을 이원론적으로 분리하지 않는다. 그리고 동양의 학문은 실천이념을 추구한다. 실천적 공부에 의해 지고한 정신 상태에 도달하는 일을 목표로 하는 것이다. 실제로 근래에는 기술의 정신적 측면을 규명해, 기술을 도의 경지까지 끌어올리고 있다.

인간이 자연을 지배하는 것을 '기술'이라 하고, 자연이 진행하는 방향을 '법'이라 하며, 이 법에 순응하는 일을 '도'라 한다. 자연을 경계로 하는 곳에 도가 있는 것인데, 도는 단지 지식이나 사변思辨에 의해 얻어지지 않으며 실천에 의해서 얻어진다. 도가 '길'이란 뜻을 내포한 연유도 여기에 있다. 반드시 몸으로 보행할 때 도를 구할 수 있다는 의미다.

기술에서 도로 나아간다는 것은 형이하학에서 형이상학으로 바뀐다는 것이다. 대상을 직접적으로 다루는 육체에서 마음으로 나아감을 뜻한다. 감각기관을 통한 지각과 신체적 훈련, 경험이 오랫동안 쌓이면 정신적 차원으로 전환되게 된다. 이때 대상과 마음의 경계가 없어지며, 대상과 마음이 하나가 되는 과정에서 육체적 기술의 초월은 물론, 마음에서 욕심이 없어지는 도의 경지에 도달하게 되는 것이다.

이제 우리가 골프를 치는 경우를 한번 생각해보자. 처음 우리가 골프를 시작할 때에는 신체 각 부분의 활동으로부터 시작하지만 시간이 지나면서 육체와 정신이 하나가 되어 공을 치게 된다. 이것이 바로 골프에서 기술을 넘어 도로 나아가는 경지가 되는 과정이다. 골프는 클럽으로 공을 쳐서 지정된 거리에 있는 홀에 넣는 운동이다. 타수를 줄이기 위해 여러 가지 스윙 기술이 동원되고, 이러한 기술 연마에 수많은 시간이 소요된다. 그리고 실전에서 자연 환경의 변화, 벙커나 워터해저드 등, 곳곳에 놓인 난관과 몸소 부딪치며 육체적·정신적으로 적응해나감으로써, 소위 최고의 범주인 도의 경지에 오르게 된다.

그리고 기술, 그 자체의 단련을 통하여 도를 이루기도 한다. 기술의 단련이 정신력을 고양하는 역할도 하는 것이다. 일본의 검객 미야모토 무사시가 검술 연마를 통해 도의 경지에 도달했다는 것은 이미 잘 알려진 사실이다. 바꿔 말하면, 골프 기술을 꾸준히 연마하면 그 기술이 기술 자체에만 머무르지 않고, 궁극적으로는 정신을 단련해 도를 체득할 수 있게 된다. '이로동귀異路同歸'라는 말이 있듯이 골프, 무도, 서도, 무용 등은 무엇을 하나 제각기 다른 길로 가지만 결국은 같은 곳, 즉 도의 경지에 도달할 수 있다. 그래서 '골프는 도'라는 것이다.

에필로그

그물에 걸리지 않는 바람처럼 살라

그물에 걸리지 않는 바람처럼 살라는 말은 《숫타니파타》에 나오는 법구이다. 세속을 사는 우리의 인생 자체에는 많은 장애가 따른다. 구도의 세계에도 물론 장애가 있을 것이다. 그렇기 때문에 인생에서 초연한 자세는 속세인인 우리나 수행자 모두에게 요구되는 덕목이다. 세속의 길을 가는 우리나 고행의 길을 가야 하는 수행자나 모두가 어떠한 환경 조건에서도 장애에 부딪쳐 주저앉거나 스스로 상처받는 삶을 살아서는 안 된다는 것이다. 어디에도 상처받지 않고 살아가는 초연한 자세, 그것은 그물에 걸리지 않는 바람과 같다. 내가 모든 골퍼들과 인생 후배들이 숱한 난관 앞에서도 초연하기를 바라면서 꼭 들려주고 싶었던 말이다.

깨달음의 위력이 대단하다는 것은 누구나 알고 있다. 나는 크게는 깨달았다고 감히 말할 수 없다. 큰 깨달음을 얻지도 않은 자가 공공연히 자신의 생각을 이야기하는 것이 조심스럽기도 하고, 나의 작은 깨달음이 오해는 불러오지 않을까 하는 우려도 있지만 그럼에도 불구하고 용기를 내었다. 그동안 나의 깨달음에 대해 호의적으로 생각해주고 아낌없는 찬사를 보내준 골퍼들에게 답하는 것도 하나의 도리라고 생각하여 골프 멘탈에 대한 나의 생각을 전하는 것이다. 나는 나 나름대로 얻은 중요한 깨달음은 누군가에게 꼭 전해야 한다고 믿는다. 바로 '골프는 도'라는 깨달음이다.

이 책에 적은 나의 골프 멘탈에 대한 생각은 결코 새롭고 기상천외한 것은 아님을 밝혀둔다. 우리가 이미 알고 있던 것을 정리하고, 선과 동양사상을 골프에 접목했을 뿐이다. '태양 아래 새로운 것이 아무것도 없다'는 성경 구절이 새삼 떠오른다.

그러나 이 책의 출간은 우리나라 골프 역사에서 중요한

작업임에 틀림없다고 자부한다. 그것은 바로 골프를 구도의 반열에 올려놓는 일이기 때문이다. 전통적으로 동양적 사고에 있어서는 신체 수련의 의미로 '도道'의 개념이 인간의 움직임의 기본이 되었으며, 최고의 철학적 명제로서 다루어져 왔다. 그래서 골프가 '도'로 자리매김하는 날이 분명히 올 것이라고 생각한다. 그리고 골프에서 선적禪的 사유의 중요성과 효과가 전해져 전 세계의 많은 골퍼들이 적극적으로 선, 명상 등을 활용하게 될 것으로 기대한다.

비록 주의 주장이 새롭지 않고 쉬운 이야기라도, 그것을 실천적으로 자신의 것으로 만들기는 쉽지 않은 일이다. 누가 마음을 비워야 한다는 사실을 모르겠는가? 하지만 감히 누가 중요한 순간에 마음을 비웠다고 말할 수 있겠는가? 나는 우리 골퍼들이 필요로 하는 모든 것들을 스스로 발견하고 체득하기를 바라는 마음에서, 그리고 골프에 대한 불타는 열정으로 여기 이 자리에서 그 길을 제시하려고 노력했다.

우리 골퍼들은 골프가 즐겁기만 하지는 않다는 사실을 너무나 잘 알고 있다. 그것은 골프가 우리의 생각처럼 잘 되지 않기 때문이다. 이러한 문제에 대해서는 프로 골퍼든 아마추어 골퍼든, 그 어느 누구도 자유로울 수 없다. 그러나 골프를 하면서 우리는 즐거워야 한다. 예부터 지극한 즐거움은 궁극적으로 열반의 기쁨과 통했다. 이 책은 골퍼들이 스스로 어려움을 극복하고 더 큰 즐거움을 찾는 데 도움을 줄 것이다.

이제 나의 졸저로 많은 골퍼들이 골프의 놀랍고도 새로운 경지에 눈을 뜰 수 있기를 기대하며, 글을 마친다.

지은이 | 이학오

대한민국에서 자타가 공인하는 '골프 마스터'인 저자는 인생에서 골프를 만난 것을 운명으로 받아들인다. 한국과학기술정보연구원(KISTI)의 부원장을 역임하기까지 전문기술연구원으로서의 생활도 그의 인생에서 한 획을 그었지만, 골프를 통해서 많은 사람들에게 도를 전할 수 있는 것을 일생의 미션이라고 생각한다. 미국골프지도자연맹(USGTF) 마스터 프로페셔널로 2006년 세계골프지도자연맹(WGTF)이 선정한 'WORLD TOP 60 TEACHER'이기도 한 그는 현재, 골프에서 쌓아 올린 공력과 배움을 골퍼들에게 전하는 스승으로서 활약하고 있다. 현재는 USGTF 한국협회 교육위원장, 한국트랜스퍼스널학회 이사, 월간 파골프 편집자문위원, 피아골프마트&연구원 원장을 맡고 있다. 지금까지 경희대학교 체육대학원과 진주국제대학교 겸임교수를 지냈으며, 현재는 호서대학교에서 골프지도론을 강의 중이기도 한 그는 골퍼들 사이에서는 '영혼의 사부님'으로 통한다.

클린 : 씻어내고 새롭게 태어나는 내 몸 혁명
알레한드로 융거 지음 | 조진경 옮김 | 이상철 감수 | 15,000원

당신이 살찌고 피곤하고 우울한 이유는 바로 독소 때문이다! 온갖 독소로 가득 찬 내 몸, 씻어내고 행궈내서 다시 새것같이 만들 수는 없을까? 세포 속까지 리셋(Reset) 시켜주는 3주간의 기적, 클린 프로그램을 소개한다. 아마존 베스트셀러(건강분야) 1위에 이어 한국어판도 출간 즉시 1위에 오른 최고의 건강도서.

얼굴을 보면 병이 보인다
야마무라 신이치로 지음 | 이승남(가정의학 전문의) 감수 | 황선종 옮김 | 12,000원

얼굴에 돋아난 뾰루지, 기미, 점 등은 우리 몸속 내장 기관이 우리에게 보내는 경고 메시지다. 피부, 눈, 코, 입, 귀 등에 드러난 현상을 통해 내 몸의 문제와 그 원인, 또 해결법까지 알려준다. '얼굴진단 브로마이드'가 특별부록으로 실려 있다. 미혼여성 및 주부, 건강에 관심이 많은 직장인들이 쉽게 자가진단할 수 있게 돕는 책.

텔로미어
마이클 포셀 외 지음 | 심리나 옮김 | 14,000원

늙기 싫은가? 아프기 싫은가? 텔로미어에 주목하라! 항노화 분야의 세계적 권위자들이 2009년 노벨의학상에 빛나는 '텔로미어 이론'을 바탕으로 완성한 무병장수 프로그램 '텔로미어 항노화 프로젝트'를 세계 최초로 공개한다. 2주 식단, 6주 운동법, 하루 10분 명상법으로 병 없이 활기찬 노년을 약속하는 쉽고 안전한 생활 속 장수 지침!

암에 지는 사람, 암을 이기는 사람
김의신 지음 | 15,000원

세계 최고의 암센터 엠디 앤더슨에서 32년간 재직한 종신교수로, 미국 의사들이 뽑은 '최고의 의사'에 무려 11차례나 선정된 암 권위자 김의신 박사가 말하는 한국인의 암. 암에 지는 사람과 암을 이기는 사람은 무엇이 다른가? 왜 검사 환자보다 조폭 환자가 더 잘 나을까? 현대인이 궁금해하는 현대암의 모든 것, 암을 이긴 사람들의 이야기를 담았다.

내 몸의 자생력을 깨워라
조엘 펄먼 지음 | 이문영 옮김 | 홍혜걸 감수 | 15,000원

우리 몸의 방어막이 무너지면 모든 것이 무너진다! 세계적인 영양학 권위자이자 미국인의 국민 주치의 조엘 펄먼 박사가 도시에 사는 현대인들, 신종 질병과 날로 심각해지는 환경오염에 무방비로 노출된 현대인들을 위한 특급 처방전을 공개했다! 자생력과 면역력, 회복력을 높이는 식습관, 생활습관, 질병에 대한 대처 등으로 나눠 체계적으로 안내한다.

| 함께 보면 좋은 책들 |

나는 아내와의 결혼을 후회한다
김정운 지음 | 13,000원

의무와 책임만 있고 재미는 잃어버린, 이 시대 남자들을 위한 심리에세이. 성공을 향해 달음질 쳐보아도 왠지 행복과는 점점 거리가 멀어지는 듯하고, 위로받고 싶지만 딱히 누군가에게 하소연할 수도 없는, 이 땅의 남자들을 위한 통쾌한 처방전이다. 박장대소하며 따라가다 보면, 소박한 공감과 위로를 발견할 수 있다.

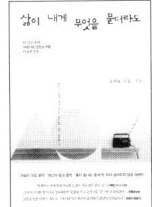

삶이 내게 무엇을 묻더라도
김미라 지음 | 14,000원

'세상의 모든 음악' '당신의 밤과 음악' '별이 빛나는 밤에'의 작가 김미라의 감성 에세이. 삶에 닥친 순간들이 좌절이나 우울 같은 부정적인 물음표를 안고 있을 때, 혹은 섣부른 희망이나 감당하기 벅찬 행복 같은 긍정적인 물음표를 안고 있을 때마저도 따뜻한 당부의 말들로 방황하는 마음의 방향을 잡아준다.

당신의 노후는 당신의 부모와 다르다
강창희 지음 | 15,000원

준비 없이 오래 사는 것은 재앙이다! 정년 후 80,000시간, 인생설계서를 다시 써라! 대한민국 최고의 노후설계 전문가인 저자가 건강, 일, 자녀 등 100세 시대 리스크를 토대로 풍요롭고 가치 있는 후반 인생을 위한 해법을 제시한다. 경제적 조언뿐 아니라 노후에 대한 안내자 역할을 충실히 수행하는 책.

장사의 신
우노 다카시 지음 | 김문정 옮김 | 14,000원

장사에도 왕도가 있다! 일본에서는 요식업계의 전설이자 '장사의 신' 우노 다카시. 그는 커피숍의 매니저로 시작해, 200명이 넘는 자신의 직원들을 성공한 이자카야의 사장으로 만든 주인공이다. 부동산에서 가게 입지 선정하는 법, 백발백중 성공하는 메뉴 만드는 법, 올바른 접객 비법까지… 오랜 내공으로 다져진 그의 남다른 '장사의 도'를 낱낱이 전수받는다!

대도大道 : 더 크게 얻는 법
치샨훙 외 지음 | 16,000원

지금껏 경쟁을 기반으로 한 통치나 경영 이론은 '당근과 채찍'으로 상징되듯이 사람을 다루는 데에만 관심을 두었다. 그러나 이 같은 방식은 과도한 이기심을 부추김으로써 개인과 조직의 성취마저 위협하고 있다. 이 책은 이러한 딜레마에 봉착한 리더들에게, 인간을 정확하게 이해하고 조직과 인생 경영의 굳건한 방향을 제시한다.